会社と従業員を守る
ルールブック

# 就業規則のつくり方

久保社会保険労務士法人 監修

岡本豪　假谷美香
松本明弘　三橋由寛 著

同文舘出版

## 「就業規則の規定モデル」
# 特典ダウンロードのご案内

読者特典の「就業規則の規定モデル」ダウンロードは、「総務の仕事 これで安心」シリーズ専用ホームページから、手順に従って行ってください。

「総務の仕事 これで安心」シリーズ 専用ホームページ

**http://koredeanshin.com**

ユーザー名
**kisoku**

ダウンロード用パスワード
**215501618**

- 本書は、特記したものを除き、平成24年1月末日現在の法律に基づいて作成しております。
- 本書の内容については、正確性を慎重に検討した上で記述いたしましたが、万が一、誤りや誤植などがありましても、責任は負いかねますので、ご了承ください。
- 本書の内容に関するお問い合わせは、久保社会保険労務士法人までお願いいたします。

## はじめに

　あなたの会社の就業規則は、どこに保管してありますか？　従業員一人ひとりに配布している場合や、食堂や休憩室などに保管して従業員が自由に閲覧することができる場合のほかに、最近ではインターネットを活用して社員向けの掲示板に公開されているような場合もあります。いずれにしても、就業規則は、会社の経営方針に沿って従業員が仕事をする上で定められた「働き方のルールブック」で、そのルールを従業員全員が共有していなくてはならないものです。

　日本には、「労働基準法」をはじめとして、労働に関するいろいろな法律があります。それらの法律を遵守した上で、それぞれの会社ごとの職場におけるルールを定める必要があります。また、従来からある労働関連法規に加え、平成20年3月には「労働契約法」という新しい法律が制定されました。解雇、雇止め、賃金不払いなどを原因とした労働者と事業主の個別労働紛争が増えていることを背景に、職場における労使トラブルを抑制し、未然に防ぐためにつくられた労働契約に関する新しいルールです。

　いくつもの法規制が存在し、従業員の権利意識も高まっている今、従業員の保護を図り、いかに仕事をしていくかということを「就業規則」として定め、従業員に周知し、さらにはそれに基づいた行動をしてもらう必要性がより高まります。

　厚生労働省は、現代においては『働きがいのある人間らしい仕事(ディーセント・ワーク)』の実現が必要であるとしています。それは、人々が働きながら生活をする上で抱く願望のことで、下記のようにまとめられます。

(1) 働く機会があり、持続可能な生計に足る収入が得られること
(2) 労働三権などの働く上での権利が確保され、職場で発言が行いやすく、それが認められること
(3) 家庭生活と職業生活が両立でき、安全な職場環境や雇用保険、医療・年金制度などのセーフティーネットが確保され、自己鍛錬もできること

(4) 公正な扱い、男女平等な扱いを受けること

　これらの項目を考えると、古いままで形骸化した規則では会社や従業員を守ることができないのはもちろん、就業規則がない会社は早急に作成する必要があることがわかります。
　社会保険労務士という仕事をする中で、経営者の方々からお聞きする従業員とのトラブルが、些細なことから始まっているケースが多いことに驚かされます。接客時の受け答えや対応、連絡、報告など、経営者や上司が期待するものと、従業員が日々行っている状況にズレがあることも、頻繁に見受けられます。これは、社会状況の変化に応じ、事業主と従業員の考え方や対応の仕方が異なっているために生じていることも多く、就業規則の服務規定などにおいてルール化して従業員にわかりやすく伝えていれば、未然にトラブルが防げるケースも多くあります。
　従業員の年齢、性別、勤続年数、考え方、働き方がバラバラで統制がとれないのであれば、活力ある組織として機能を果たすことは困難です。就業規則に会社の統一的なルールを定め、従業員間でも不公平感がなく、会社が従業員一人ひとりの労働条件や働き方を認め、育てるような職場のルールを作成しましょう。さらに、従業員全員が十分にその内容を知り、理解し、守ることで、よりよい会社規定の基盤となるのです。

　本書は、就業規則の基本的なルールや作成にあたり注意しなければならないことをテーマごとにコンパクトにまとめ、就業規則の規定例を示すことで、すぐに活用していただけるようにしました。さらには、会社の「トラブル回避のポイント」、「従業員のやる気アップのポイント」を明示することで、読者の皆様に就業規則作成や変更にともなう業務の参考にしていただき、経営者と従業員がひとつになって目標を達成できるような職場づくりのお役に立てれば幸いです。

総務の仕事 これで安心
会社と従業員を守るルールブック
# 就業規則のつくり方
目 次

はじめに

## 1章 就業規則の基本

1 なぜ就業規則が会社の「要」なのか ……… 14
2 就業規則をつくる上での決まりごと ……… 16
3 就業規則を従業員と共有しよう ……… 20
4 就業規則で会社はこう変わる！ ……… 22

## 2章 目的・採用・入社

1 "社長の思い"と"会社の使命"を「前文」に定めよう ……… 28
2 就業規則の位置付けを「目的」に定める ……… 30
3 「適用範囲」の不明確は労使トラブルに直結する ……… 32
4 「採用選考時の提出書類」をおさえる ……… 34
5 「内定取消」を行う場合に備える ……… 38
6 「入社時の提出書類」を整理する ……… 40

**7** "もしも"のときのために「身元保証人」を立てる ……… 42
**8** 法律で決められている「労働条件の明示」 ……… 44
**9** 「試用期間」の役割を明確にする ……… 46
**10** 「人事異動」を命じるときに会社がするべきこと ……… 48

# 3章 服務規律

**1** 職場秩序の維持のために「遵守事項」をおさえる ……… 52
**2** 「出勤・退勤」のルールを明確にしよう ……… 58
**3** 「遅刻・早退・欠勤」のルール ……… 60
**4** 「セクシュアルハラスメント」対策を定める ……… 62
**5** 「パワーハラスメント」を見逃してはいけない ……… 64
**6** 業務に関係のない「パソコンの私的使用」を禁止する ……… 66
**7** 「マイカー通勤」、管理によっては会社の責任問題に ……… 68
**8** 「二重就業」の禁止で会社の秩序を守る ……… 70
**9** 「秘密保持」は情報化社会の最優先課題 ……… 72
**10** 「競業禁止」で会社の競争力を維持する ……… 76
**11** "もしも"のための「損害賠償」の定め方 ……… 78

# 4章 労働時間

1 「労働時間」のルールを覚える ........................ 82
2 時間外労働には「36協定」の届出が必要 ........................ 84
3 「始業時刻」と「終業時刻」をきちんと設定する ........................ 86
4 「休憩時間」について法令で定められた3つの原則 ........................ 88
5 「残業の仕方」を整備することが残業代削減への第一歩 ........................ 90
6 「働き方・働く時刻」を「変更」する場合の手続き ........................ 92
7 導入しやすい「1ヵ月単位の変形労働時間制」 ........................ 96
8 長期間にわたる調整が可能な「1年単位の変形労働時間制」 ........................ 98
9 自由度の高さが魅力の「フレックスタイム制」 ........................ 102
10 外回り担当者に検討したい「事業場外のみなし労働時間制」 ........................ 106
11 対象職種が限定的な「専門業務型裁量労働制」 ........................ 108
12 「管理監督者」の特別な労働条件 ........................ 110

# 5章 休日・休暇

1 「休み」の種類 ……………………………………………………… 114
2 「振替休日」と「代休」を区別する ……………………………… 116
3 年次有給休暇の「付与日数」と「付与タイミング」 …………… 118
4 年次有給休暇の「発生条件」、2つの判断ポイント …………… 120
5 年次有給休暇の「時季変更権」は慎重に判断する …………… 122
6 年次有給休暇の「繰り越し」ルールは、民法を参考に ……… 124
7 年次有給休暇の「比例付与」は対象者の確認が重要 ………… 126
8 年次有給休暇の「計画的付与」を利用する …………………… 128
9 年次有給休暇「半日単位取得」と「時間単位取得」の違い …… 130
10 「当日申請」「退職時」「再雇用時」の年次有給休暇の注意点 … 134
11 裁判員制度への対応方法 ………………………………………… 136
12 「特別休暇」のルールを定める …………………………………… 138

# 6章 休職制度

1 在籍のまま就業を免除する「休職制度」を定める　142
2 会社の状況に応じて「休職期間」を定める　144
3 「休職期間中」について事前に定めておくべきこと　146
4 「復職」の判断方法を明記する　148
5 「産前産後休業」は時期による取り扱いの違いがポイント　150
6 「育児休業」の整備で仕事と育児の両立をサポート　152
7 「子の看護休暇」と「育児短時間勤務制度」等の整備　154
8 「介護休業」で"仕事と介護の両立"をサポートする　156

# 7章 賃金・賞与・退職金

1. 賃金のルールは従業員のモチベーションアップの基本 …… 162
2. 賃金の「支給方法」と「控除」のルールをおさえる …… 164
3. 「基本給」を決めるときにおさえておきたいこと …… 166
4. 「手当」の種類 …… 170
5. 「家族手当」の対象範囲を明確にする …… 172
6. 「住宅手当」の支給を定める …… 174
7. 「役職手当」の金額は責任の大きさ・実態を反映させる …… 176
8. 「皆勤手当」で従業員の遅刻・早退を減らす …… 178
9. 「営業手当」は支給目的を明確にしておくことが重要 …… 180
10. 「割増賃金」の計算方法をしっかりおさえよう …… 182
11. 「賃金の改定」には昇給と降給がある …… 184
12. 「賞与」を定めるときのポイント …… 186
13. 「退職金制度」を定めるときのポイント …… 188
14. 「退職金の減額・不支給・返還」ができるように備える …… 190

# 8章 定年・退職

1. 「退職」の種類 ……………………………………………………… 194
2. 労使トラブル防止のために「退職日」を明確にする ……… 196
3. 「定年となる日」を定める ………………………………………… 198
4. 定年後の「再雇用制度」を導入する場合 ……………………… 200
5. 従業員の突然の辞職の申出、気をつけるポイント ………… 204
6. 退職者が「顧客リストを持って起業」した場合に備えた対応 … 206
7. 有期雇用契約者の「契約満了」に注意する …………………… 208

# 9章 解雇・懲戒

1. 「解雇」の種類 ……………………………………………………… 212
2. 「普通解雇」を行う際の"根拠"を明確にする ………………… 214
3. 「懲戒」の種類と定め方 …………………………………………… 216
4. 定めていない事由を理由に「懲戒処分」はできない ……… 218
5. 「整理解雇」を行う場合にクリアすべき４つの要素 ………… 222

# 10章 表彰・安全・健康管理

1 「表彰」で従業員のモチベーションを上げる …… 226
2 従業員の「安全と健康を守る」のは会社の義務 …… 228
3 従業員の健康を守る「健康診断」のルールを確認する …… 230
4 伝染病にかかった従業員への「就業禁止」の判断 …… 232
5 「パートタイマーのための就業規則」を作成しよう …… 234
6 従業員の"やる気"は会社の財産 …… 236

カバーデザイン　三枝未央
本文デザイン・DTP　ジャパンスタイルデザイン
本文イラスト　竹内晶子

# 1章 就業規則の基本

1 なぜ就業規則が会社の「要」なのか
2 就業規則をつくる上での決まりごと
3 就業規則を従業員と共有しよう
4 就業規則で会社はこう変わる！

# 1 なぜ就業規則が会社の「要」なのか

就業規則は会社の「働き方ルールブック」です。会社を守り、従業員がイキイキと働くためのルールをつくりましょう。

### トラブル回避のポイント

- 近年、会社と従業員のトラブルは増加しています。人数・設立年数にかかわらず労使トラブルの危険性があることを認識しておきましょう。
- トラブルが起こったとき、従業員をサポートする制度と会社をサポートする制度には大きな違いがある点がポイントです。

**CHECK**
※1 ①会社が指揮命令をする。②従業員がこれに従って労働力を提供する。③その労働力に対して会社が賃金を支払う。これが雇用契約です。

**CHECK**
※2 法律違反となる内容は別として、会社の判断で従業員に対して何かを行う場合（例えば解雇など）、この"就業規則"が会社側の行為の「根拠」になります。「就業規則に書いてあるから、会社として○○できる」のです。

## ■ 増える労働相談件数

全国の労働相談窓口に寄せられる相談件数は年々増え続けています。厚生労働省の発表によると、平成22年度で113万件ですから、毎日毎日、全国で3,000件もの労働問題に関する相談が行われている計算になります。

これだけ多いと、「ウチの会社に限って……」と言い切るのは難しいでしょう。これまで問題が起きなかったのは、運がよかっただけかもしれません。

## ■ 強まる従業員の「自己防衛意識」

長期雇用・終身雇用を前提とした、正社員を中心とするこれまでの会社組織体制の中では、比較的「協調的」な労使関係が築かれていたと言えます。多少不満なことはあっても「終身雇用＝家族」のようなものですから、その部分を取り上げて問題にする人が少なかったのかもしれません。

しかし、現在は違います。「雇用の不安定化」に関する数多くのニュースが流れており、**多くの従業員は「自分の**

身は自分で守るしかない」と考えています。従業員が自分の身を守ろうと考えたとき、その手段や場所というのはいくつかあります。「労働基準法」という働く人を保護する法律を筆頭に、「労働基準監督署」、「労働組合（ユニオンなど）」、「雇用保険」などによって守られますし、簡単にインターネットから必要な情報を得ることもできます。

それでは一方で、「会社」は誰が（何が）守ってくれるのでしょうか？

### ■ 就業規則とは

**「会社を守ってくれる切り札」**、それが**就業規則**です。会社という組織は様々な人の集合体です。もし、その人たちが各々の価値観や考え方に基づいて勝手な行動をしていたら、会社はつぶれてしまいます。会社には、収益を上げるという絶対的なミッションがあるからです。会社はそのミッションを達成するために、従業員を雇うのです（※1）。

ミッション達成のために、最初にルールを決めてそれを明確にしておくこと、**「会社と従業員が信頼関係を築きあげるための約束事」**が重要です。契約後に「実は○○はダメ」などと言われたら、お互いに嫌なものです。口頭だけでは「言った、言わない」の話になってしまうことも考えられます（※2）。

就業規則は会社にとって**「働き方ルールの集大成」**であり、従業員に関する事項の「運用マニュアル」となる「約束事」です。まさに「要」と言えます。この要である就業規則をしっかりと作成・運用することで、自社のリスク管理を行いましょう。

> 📙 **ココ**もおさえる　　**リスク管理以外の作成目的**
>
> 就業規則の目的はリスク管理だけではなく、3つのメリットがあります。
> ①**ルールが明確であれば、社員は「安心」して仕事ができる**
> 　→従業員定着率のアップにつながります
> ②**明確さが「目標」や「やる気」につながる**
> 　→社員一人ひとりの積極的な取り組みが、会社の数値を上げていきます
> ③**ルーチン手続き業務の「効率化」がアップする**
> 　→無駄な経費・時間の削減につながります

1章　就業規則の基本

# 2 就業規則をつくる上での決まりごと

作成義務、記載事項、意見聴取、届出、変更方法など、法律で定められているルールを確認しておきましょう。

## トラブル回避のポイント

- 就業規則の内容を決めるのは会社です。しかし、従業員の待遇に大きな影響を与えるので、すべてを自由に決められるわけではありません。
- 就業規則の作成にあたっては労働基準法でいくつかのルールが定められています。これらの事項をしっかりおさえておきましょう。

**根拠法令等**
労働基準法第89条

**CHECK**
※1 「休職に関する事項」は就業規則の必要記載事項とされていませんが、それが全従業員を対象とする場合には〈B.相対的必要記載事項〉⑪に該当するものとなります。

### ■「作成義務」のある会社

**常時10人以上の従業員がいる事業場**では就業規則を作成しなくてはいけません。ここでのポイントは「常時10人以上」「従業員」「事業場」の考え方です。

「常時10人以上」というのは**「常態として10人以上」**ということです。「通常時8人、臨時の季節アルバイトが2人」という場合には「常時10人以上」には該当しませんが、「通常10人、今はたまたま1人退職して9人」という場合には「常時10人以上」に該当します。

「従業員」は正社員に限らず、パートタイマーやアルバイト、定年後再雇用者、派遣されている従業員など**「会社に所属するすべての社員群」**を含みます。仮に「正社員1人、パートタイマー9人」であったとしても、合計は10人となるので就業規則を作成しなくてはなりません。

「事業場」というのは「会社全体」ではありません。**本社と支社があるような場合、それぞれが事業場ということになります。**ですから、本社6人、支社6人という会社の場合、会社の従業員数は計12人なので10人以上となりますが、

それぞれの「事業場」は10人未満なので、「就業規則の作成義務はない」ということになります。

ただし、行政通達により、事業場（支社）の規模が小さく、事務処理能力などの面から「独立性がない」と判断される場合は、本店などの上位事業場と一括して取り扱うこととされています。これに該当するケース（実態）であれば、就業規則の作成が必要になります。

■ 記載しなくてはいけない事項

就業規則には従業員の働き方のルールとして記載しておかなくてはならない事項があります。記載義務の種類は大きく、A.絶対的必要記載事項、B.相対的必要記載事項、C.任意記載事項に分かれます。A.絶対的必要記載事項とB.相対的必要記載事項については、その多くの部分が「労働条件の明示事項」（2章8項参照）と共通しています（※1）。

＜A.絶対的必要記載事項＞

会社が定めた上で記載が必要な事項です。
①始業・終業時刻、休憩、休日、休暇
②賃金（決定方法、計算、支払いの方法、支払い時期、昇給）
③退職（解雇の事由含む）

＜B.相対的必要記載事項＞

定めをする場合には記載が必要な事項です。
④退職手当（対象者の範囲、決定、計算、支払いの方法、支払い時期）
⑤臨時の賃金（退職手当を除く）、最低賃金額
⑥従業員に負担させる食費、作業用品など
⑦安全、衛生
⑧職業訓練
⑨災害補償、業務外の傷病扶助
⑩表彰、制裁
⑪その他、すべての従業員に適用される事項

> **メモ**
> ※2 別途規程を作成したら、その旨を本則にも記載しておくと、よりわかりやすくなります。

> **メモ**
> ※3 部長などの役職者は、従業員代表になることはできませんが、"従業員の1人"であることには変わりないので、従業員代表を選任する際の「投票権（同意権）」は持っています。

＜C.任意記載事項＞

上記以外で会社独自に定める事項。
（前文、目的など）

こうした記載事項は、就業規則本則とは別に、**「賃金規程」「退職金規程」「育児介護休業規程」**のように付属規程として定めることもできます（※2）。この場合には「付属規程も就業規則の一部」ということになりますので、必ずセットで管理する必要があります。後述する「労働基準監督署への届出」の際にもセットで届出をすることになります。

■ 従業員代表の「意見を聞く」必要

就業規則の作成は、記載事項のルールを守っていれば会社が一方的に作成することができます。つまり、一般の従業員は就業規則の作成過程に参加していないことがほとんどです。

そのため、就業規則の運用をスタートする前に、従業員代表に就業規則の内容を確認してもらい、「意見を聞く」ことが法律で義務付けられています。

この従業員代表は、あくまでも**「一般従業員の代表」**を指すもので、会社が一方的に指名した人や、部長などの役職者を選出することはできません。選挙や挙手、同意の署名などによって従業員の過半数の支持を得た人を選任します（※3）。

従業員代表は就業規則の内容を確認し、意見を署名または記名押印した「意見書」に記入します。

ここで義務になっているのはあくまでも「従業員代表の意見を聞くこと」であって、「同意」や「話し合い」は必要とされていません。ただし、その意見書の内容は必ず確

認し、必要があれば最終決定の前に就業規則の内容を再検討することも視野に入れておきましょう。

■ **労働基準監督署への届出**

従業員が10人以上の会社で就業規則を作成し、従業員代表の意見を聞いたら、次に労働基準監督署への届出をしなくてはなりません。労働基準監督署には**「就業規則作成届」「従業員代表の意見書」「就業規則(付属規程を含む)」をそれぞれ2部ずつ準備して提出**しましょう。

この届出は**「事業場ごと」**に行うのが原則です。本社、支社があるときにはそれぞれに従業員代表を選出して意見書を作成し、それぞれの所轄の労働基準監督署に届け出ます。

なお、複数の事業場を有する会社が、それらの事業場において「同一の内容」の就業規則を適用する場合、次の要件をすべて満たせば、本社の所轄の労働基準監督署に一括して就業規則を届け出ることが可能になります。

＜本社一括届出の要件＞
①本社を含む事業場数に対応した必要部数の就業規則を提出すること
②本社で作成された就業規則と各事業場の就業規則が同一内容であること
③事業場毎に従業員代表を選出し、その意見を聴取した書面（意見書）の正本を各事業場の就業規則に添付すること

■ **「変更」についても同様の手続きが必要**

就業規則は、「一度つくったらもう安心」というものではありません。**法改正があったときや、「会社内のルール」が変わったときには、「就業規則の変更」を必ずしておきましょう。**

就業規則を「変更」した場合は、作成時と同様の手続きが必要です。

必要記載事項を確認し、従業員代表の意見を聞いて、労働基準監督署に届出（変更届）をしましょう。

# 3 就業規則を従業員と共有しよう

就業規則で最も大切な"決まりごと"は「周知すること」です。つくりっぱなしでは意味がありません。

### トラブル回避のポイント

● 就業規則には「こういうときはこうする」「こういうことをしてはいけない」などのルール（約束）が書かれています。それを従業員が読んでいない（知らない）場合、後から「そんなルールがあるなんて知らなかった」と言われ、トラブルに発展してしまう危険性があります。

**根拠法令等**
労働基準法第106条

**CHECK**
※1 この方法なら雇用契約を締結するときにも雇用契約書と就業規則をセットで従業員に示すことができます。なお、この「書面」には印刷物やコピーも含まれます。

**CHECK**
※2 会社としては就業規則を配布していれば（形式的に）「周知義務」を果たしたことにはなるかもしれません。しかし、そもそも周知をする目的は、従業員がルールブックの約束事を確認すること。「読んでいない」という状態では、この"周知目的"を果たしているとは言えません。

## ■「周知すること」が一番大切

周知が大切であることには理由があります。

### ①法律に定められている

**労働基準法**において、就業規則は従業員に周知することが義務付けられています。法律で定められている「周知すること」が実施されていない状態では、せっかくの就業規則も「正しく扱われていない＝効力を持たない」とされてしまうことがあるのです。

### ②就業規則は会社と従業員との約束事

就業規則はルールブック、会社と従業員との約束事です。つまり、雇用契約書と同じ扱いです。これを隠したり見せなかったりすることは「契約相手に契約内容を見せずに業務を進めている」「ウチの会社の就業規則は、あなた達には見せられない"問題のある就業規則です"とアピールしている」のと同じです。そういう就業規則は必ずトラブルの火種になってしまいます。「**ルールの相互理解**」のためにも、積極的に就業規則の内容を伝えていくことが、会社にとっても従業員にとってもプラスになります。

■ 周知の仕方

では、「周知」というのはどのように行えばよいのでしょうか。

①**常時各作業場（職場）の見やすい場所へ掲示する、または備え付ける**

最も一般的な対応は、就業規則（付属規程を含む一式）をファイリングしておく方法です。そして、**各従業員がいつでも見ることができるようにしておくこと**がポイントです。金庫の中、役員室、部長の机の引き出しなどは「見やすい場所」とは言えませんので避けましょう。なお、ここでの「各作業場」とは「個々の事業場」のことです。本社と支店が別の場所にある場合、それぞれの場所での備え付けが必要です。

②**従業員に交付する**

職場の見やすい場所に備え付けても、実際にはなかなかその内容を確認することが難しいケースもあるでしょう。そういう場合には就業規則を従業員に配布してしまうのも有効な周知方法です。これなら従業員も時間のあるときに内容を確認できます（※1）。

③**磁気テープ等に記録し、常時確認できる機器を設置する**

これはCDやフロッピーディスクのような記録媒体物の他に、社内ネットワークでの閲覧ができることも含みます。この方法も①に比べると閲覧しやすいことがメリットです。

---

**ココもおさえる　就業規則周知のポイント**

どの周知方法においても共通する、"周知のポイント"があります。それは**従業員に対して就業規則の内容を説明する機会を設けること**です（※2）。

就業規則のコピー配布や閲覧できる環境を整えるだけではなく、新たに従業員が入社したときや就業規則の内容を変更したときには、就業規則の教育（研修）の時間を設けて、「我が社の働き方」をしっかり説明しておき、従業員からの質問があれば、そのときにきちんと答えておきましょう。

## 4 就業規則で会社はこう変わる!

従業員との「働き方ルールブック」を使って、「強くて元気な会社」をつくりましょう。

### 従業員のやる気アップのポイント

● 就業規則の作成で、従業員が安心して働ける、従業員と会社との信頼関係ができる、会社の無駄な支出が減る、従業員が元気になり、会社も元気になる、というメリットが生じます。

**根拠法令等**
労働基準法第106条

**重要**
※1 この「はっきりと決められている」ということが「会社の判断やケースバイケースの対応ができない」という意味で、会社にとっての"デメリット"であるかのように捉えられていることが多いようです。しかし、従業員が安心して働くためにはこの「はっきりと決められている」ことがとても重要です。

### ■ 従業員が安心して働ける

就業規則は**会社のルールブック**であり、**「働き方」や「いざというとき」のマニュアル**になるものです。ですから、このルールが明確になっているというのは「働き方がはっきりと決められている」ということです（※1）。

従業員にとって、最も不安を感じるのは「何をしていいのか、何をしてはいけないのか、こんな場合はどうなるのか」という状態です。

「給与はどんなときに上がるのか」「パートタイマーの自分も有給休暇を取っていいのか」「申請書はいつまでに出せば受け取ってもらえるのか」「体調を崩したときに休職できるのか」「退職金は出るのか」など、従業員にとってわからないことはその都度出てくるのですが、これが"人によって異なる"対応だとしたらどうでしょうか？

「上司の機嫌がいい日に有休申請をしないと通らない」「A部長とB部長で対応が違う」「Cさんの場合は認められたのに、私の場合はダメだと言われた」など……。

こうした「不安定感」を持った状態では安心して仕事をすることができません。**「○○という状況になれば、会社と**

してこういう対応をしますよ」という**明確なルールブック**があるからこそ、他の人と自分の比較をいちいちすることなく、「しっかり働けばきちんと給料がもらえる」「いざというときは会社が自分を守ってくれる」という安心感を持って働き続けることができるのです。

### ■ 従業員と会社との信頼関係ができる

あなたやあなたの会社はどんな相手と仕事をしていきたいですか？　いろいろな項目があがってくると思いますが、継続的なお付き合いをしていくことを考えた場合、**「信頼できる相手であること」**は非常に重要なポイントとしてあげられるのではないでしょうか。

では、相手を「信頼するとき」とはどんなときでしょう。これについても様々な回答があるかもしれませんが、大きくまとめると**「約束を守ってくれる」**ということが重要なのではないでしょうか？

仕事である以上、お互いに「いつまでに何をする」という約束（契約）があるでしょう。これをしっかり守ること、そしてこれを継続して行っていくことでお互いの信頼関係は強くなっていきます。信頼関係が強くなれば、相手は契約の内容以上に尽力してくれることもあります。「やらされている」というより「相手の信頼に応えたい」と主体的にいろいろなことを考えるようになります。

会社と従業員の関係も同じです。信頼関係を築くためには、守るべき約束がしっかり定められていることが大切です。会社で働く上で守るべき約束（ルール）が「就業規則」なのです。会社が「就業規則」に基づいて、一定の申請を認めたり、ほめたり、叱ったり、評価したりすることで、従業員の不安感や不公平感は取り除かれ、職場環境への「安心感」を持つことができます。**お互いが就業規則の内容を守ることで信頼関係を築くことができます。**

会社を信頼してくれた従業員は一所懸命になります。「何をするとどうなるか」がはっきりしているから、不安や迷いがなくなり、会社を信頼して日々の業務に専念できるのです。

> **メモ**
> ※2 辞めてしまう従業員の人件費、研修費用だけでなく、その人を教育した先輩や上司の人件費や時間のことも考えなくてはいけません。

> **CHECK**
> ※3 「最初に雇い入れをする従業員」は会社の宝と言えます。できれば最初の雇い入れをする前に就業規則を作成しておきましょう。

## ■ 会社の無駄な支出が減る

### ①離職率が高いと経費がかかる

　会社にとって大きな課題のひとつとして「入社してもすぐ辞めてしまう従業員がいる」、つまり離職率が高いということがあげられます。従業員を採用し、仕事を教えていくには時間とお金がかかります。今は会社側だけでなく、従業員側にも「終身雇用の時代ではない」という意識が強いので、「最初の印象と違う。この会社とは信頼関係が築けない」と感じると、従業員はあっさりと辞めてしまうことがあります。そうなると、その従業員にこれまでかけてきた様々な支出は大きなマイナスになってしまいます。その体制のまま新たに人を採用しても、同じことの繰り返しになります（※2）。ですから、就業規則の内容を具体的かつ明確にしておく必要があるのです。

### ②未払い賃金の請求や訴訟リスクも視野に入れる

　従業員への対応に不平等・不利益な取り扱いがあれば、会社が従業員から「訴えられる」こともあります。未払い賃金などが発覚した場合にはその分を一度に支払うことが求められることもありますし、解雇やセクハラ・パワハラなど、内容によっては損害賠償を請求されてしまうこともあります。そしてなによりこのようなことが起こると、在籍している従業員、取引先やお客様の信頼を大きく失ってしまいます。そのときに支払う金銭以上のマイナス要因が発生することは言うまでもありません。

　従業員との信頼関係が築けていれば、このようなことは起こりにくくなります。**「解雇」などの手続きに際しては、しっかりとした就業規則をつくり、規則に基づいた準備と対応を重ねていく必要**があります。

　また、毎月の残業代も、**「変形労働時間制」**や**「残業の**

届出制」などを導入していくことで、適切に削減していくことができるケースもあります。

本当に無駄になってしまう経費はどこにあるのか、就業規則の整備とあわせて見直しましょう。

### ■ 従業員が元気になり、会社も元気になる

こうした就業規則による安心感、信頼関係をまず基盤としてつくりましょう。従業員と会社との関係はここがスタートです。

「信頼関係の構築」という意味では、就業規則を作成するのに（法律義務である）従業員が10人になるまで待つ必要はありません。**"人数にかかわらず"** 就業規則は重要な役割を持っています（※3）。

また、法律や会社のルール変更があったときには早めに就業規則を変更し、周知しておきましょう。

「賃金を上げれば従業員はモチベーションを上げて頑張る」と言われることもありますが、従業員は賃金だけでは頑張れません。もちろん賃金は大切な要素のひとつではありますが、すべてではありません。**「安心・信頼」**という**土台**があってはじめて成り立つものです。

就業規則によって土台を固めることで、従業員は「安心・信頼」を得て後ろ向きな心配をしなくて済みます。前向きに仕事に取り組むことができるので、元気になっていきます。従業員が元気になると会社にも活気が出てきます。意見交換も活発になり、アイデアも出やすい環境になります。会社も「元気」になるのです。思いつきの単発的なアメとムチでは従業員も会社も元気にはなりません。

本書では就業規則の基本をつかむことができます。

従業員に自信を持って周知できる「我が社の就業規則」を整備して、従業員、そしてあなたの会社を元気にし、業績に結び付けていきましょう。

# 2章 目的・採用・入社

1. "社長の思い"と"会社の使命"を「前文」に定めよう
2. 就業規則の位置付けを「目的」に定める
3. 「適用範囲」の不明確は労使トラブルに直結する
4. 「採用選考時の提出書類」をおさえる
5. 「内定取消」を行う場合に備える
6. 「入社時の提出書類」を整理する
7. "もしも"のときのために「身元保証人」を立てる
8. 法律で決められている「労働条件の明示」
9. 「試用期間」の役割を明確にする
10. 「人事異動」を命じるときに会社がするべきこと

# 1 "社長の思い"と"会社の使命"を「前文」に定めよう

就業規則の存在意義を高めるために、"社長の思い"と"会社の使命"を前文(ぜんぶん)として盛り込みましょう。

### 従業員のやる気アップのポイント

- "社長の思い"と"会社の使命"を社長自らの言葉で伝えることで、社長と従業員が同じ目的を持って行動する組織風土をつくりましょう。
- 安易な定め方や単なるお題目では、従業員のモチベーションを下げることにつながります。記載するかどうかは慎重に検討しましょう。

> **メモ**
> ※1 クレド(Credo)とは「信条」を意味するラテン語で、一般的に会社の行動指針などをまとめたものを言います。従業員がそれを読むことによって、自分は会社に対して何をすべきか、顧客に対して何をすべきかを確認するツールとしても使われています。

## ■前文とは

前文とは、就業規則に必ず記載しなければならないものではありません。したがって、定めるかどうかは会社の自由です。

前文を定めている会社の多くは、経営理念や社訓、経営方針などを盛り込んでいます。

さらに最近では、業務遂行のための行動指針ともいうべき、クレド(※1)を作成し、それを前文に記載する会社も増えています。

## ■前文に経営理念を盛り込む理由

経営理念は会社経営の"羅針盤"、つまり、会社経営を行うにあたっての基本的な考え方を表したものです。会社経営の目的や使命を明らかにし、どのような会社を目指していくのか、従業員の行動基準が示されています。

経営理念を成文化することで、社長の経営に対する信念や考え方を従業員が共有でき、社長と従業員が一丸となって行動することにつながります。その結果、**健全な"組織**

風土"をつくることができます。

　就業規則が「職場のルールブック」と位置付けされていることからも、**就業規則に経営理念を盛り込み、社長の思いや会社の社会的使命を社内に浸透させましょう。**

> **規定例**
>
> **前文　　経営理念**
> 1. 私たちは、お客様に必要とされる商品の開発、提供を通じて、**我が社に関わるすべての皆様の幸せを追求**します。
> 2. 私たちは、**従業員同士の絆を深める**とともに、**一人ひとり常に目標を持ち**、たゆまぬ努力を続けます。
> 3. 私たちは、会社の利益のみを追求せず、**地域社会の一員という自覚**を持って、**地域社会との共存共栄**を視野に入れて行動します。

> **ココもおさえる　　前文の安易な導入は命取りになる**
>
> 　就業規則に経営理念を盛り込むことで、今まで以上に社長の思いや会社の社会的使命を明確にできることは明らかです。しかし、経営理念そのものが形骸化している場合や、理想を追い求め過ぎて実態に即していない場合は、安易に経営理念を就業規則に盛り込むと、かえって従業員のモチベーションが低下してしまうこともありますので注意しましょう。

## 2 就業規則の位置付けを「目的」に定める

なぜ就業規則を作成するのでしょうか？　会社が考える就業規則の存在意義を明確にしましょう。

> **トラブル回避のポイント**
> - 会社が考える就業規則の存在意義と従業員に対する「職場のルール」を明確にしましょう。
> - 従業員が理解しておくべき、業務遂行に関する基本的姿勢を包括的に定めましょう。

**◆ 根拠法令等**

※1　労働基準法第2条
1. 労働条件は、労働者と使用者が、対等の立場において決定すべきものである。
2. 労働者及び使用者は、労働協約、就業規則及び雇用契約を遵守し、誠実に各々その義務を履行しなければならない。

### ■ 就業規則の目的

　目的条文とは、会社にとって就業規則をなぜ作成するのか、そして就業規則にはどのようなことが記載してあるのかを従業員に対して宣言する条文です。

　会社の考え方によって様々な目的条文が考えられますが、「職場の秩序維持や事業の円滑な運営のために、従業員の就業に関する労働条件（※1）及び服務規律を定めるものが就業規則である」、という内容を記載するのが一般的です。

### ■ 会社と従業員、双方の信義則が大前提

　本来、労働条件は「労働契約」において、会社と従業員が「お互いに」決定し、「お互いに」守るものです。

　最近では"労働者の権利"が叫ばれることが目立っていますが、一方で、従業員が約束を守っていない、つまり、従業員としての義務を果たしていないケースも増えてきているのです。

　就業規則を作成し、周知することで、会社と従業員が「お

互いに」約束を守り、従業員間で協力していくことが業務を遂行する上での大前提であることを再確認していきましょう。

### 📕 規定例

**第○条　目的**

1. 本規則は、**職場の秩序を維持し、事業の円滑な運営を期すため、従業員の就業に関する労働条件及び服務規律、その他就業に関する事項**を定めるものとする。
2. 従業員は、前項に定める目的を達成するために、本規則及び本規則の付属規程を遵守し、従業員相互に協力して事業の円滑な運営に努めなければならない。
3. 本規則及び本規則の付属規程において、条文の解釈または適用について疑義が生じた場合は、その都度、労使間で誠実に協議する。

### 👉 ココもおさえる　会社の義務と従業員の義務

　従業員が会社で働くときは、会社、従業員、双方にそれぞれ果たすべき義務が生じます。会社と従業員が雇用契約を結ぶことによって、会社側には賃金支払義務に付随して安全配慮義務や職場環境配慮義務などが発生し、従業員側には労務提供義務に付随して職場秩序維持義務や会社の秘密保持義務などが発生します。

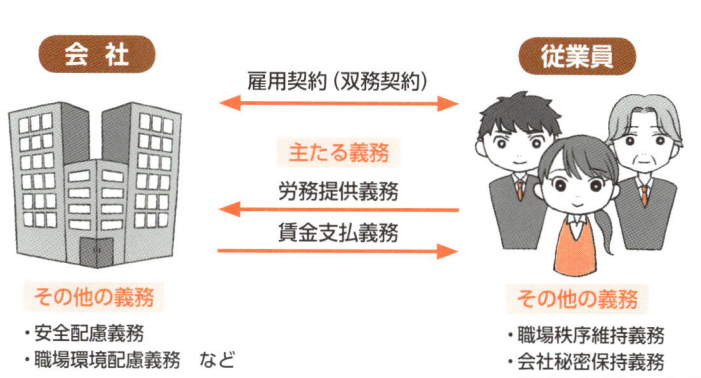

# 3 「適用範囲」の不明確は労使トラブルに直結する

就業規則は誰に対して適用されるのでしょうか？ 適用範囲を不明確にしていると労使トラブルを招きますので、従業員の区分をはっきりさせましょう。

### トラブル回避のポイント

- 適用範囲が不明確な場合、正社員にのみ適用するつもりだった内容が、パートタイマーなどの非正規社員にも適用されることがあります。
- 仕事内容、雇用期間、労働時間、賃金体系、賞与や退職金の有無などの違いを明確にして従業員の区分をしましょう。

**CHECK**

※1 労働基準法第14条
雇用契約は、期間の定めのないものを除き、一定の事業の完了に必要な期間を定めるものの他は、「3年」を超える期間について締結することはできません。なお、次のような労働者との雇用契約の場合、上限は「5年」です。①厚生労働大臣が定める基準に該当する専門的知識等を有し、その業務に就く労働者、②満60歳以上の労働者

■ 雇用形態に合わせて区分する

経営環境の変化にともない、正社員の他、契約社員、パートタイマー、アルバイトなど、様々な雇用形態を取り入れる会社が増えています。正社員と非正規社員（正社員以外の雇用形態の総称）を比べると、雇用契約期間の有無、賃金体系（月給、時給、各種手当など）、賞与や退職金の有無といった労働条件をはじめ、業績や成果に対する責任の度合いや範囲といった違いがあげられます。

まずは、会社における**雇用形態に応じた従業員の区分を明確にする**必要があります。

■ 適用範囲の不明確は、労使トラブルを招く

会社によっては、非正規社員に対して、休職制度、特別休暇をはじめとした福利厚生制度がない場合や、賞与や退職金の支払いがない場合もあります。

**就業規則の適用範囲が不明確な場合、原則として非正規社員を含むすべての従業員に、正社員用の就業規則が適用される**ことになりかねないので注意しましょう。

📕 **規定例**

**第○条　従業員の定義**

本規則における従業員の区分は次のとおりとする。
(1) **正社員**：第○条で定める採用選考により、期間の定めなく雇用される者で、長期間にわたり主に基幹業務に従事する者
(2) **契約社員**：3年以内（※1）の期間を定めて雇用される者で、正社員に準じた業務に従事する者、もしくは主に専門的知識・技術を必要とする業務に従事する者
(3) **パートタイマー**：期間を定めて雇用され、時給単位で賃金が支払われる者で、正社員と比べて1週間の所定労働時間が短く、主に補助的業務に従事する者
(4) **定年後再雇用者**：会社が定める定年後再雇用制度によって、1年間以内の期間を定めて定年後再雇用され、引き続き業務に従事する者
(5) **その他、特殊な雇用形態の者**：アルバイト等、業務遂行のために短期間、臨時的に雇用される者

**第○条　適用範囲**

1. 本規則は第○条で定める手続きにより採用された正社員に適用する。
2. 第○条第○号で定義する正社員以外の就業に関する必要な事項については、個別に結ぶ雇用契約または別に定める規程によるものとし、本規則は適用しない。

---

✍ **ココもおさえる**　　従業員の区分に応じて就業規則をつくる

「正社員以外の就業に関する必要な事項については、個別に結ぶ雇用契約または別に定める規程による」とした場合、個別に結ぶ雇用契約または別に定める規程を忘れずに整備しましょう（一般的には、契約社員、パートタイマー、定年後再雇用者等、それぞれの働き方に応じて就業規則を作成します）。

# 4 「採用選考時の提出書類」をおさえる

安易な採用選考は会社のリスクを高めます。入社した後の労使トラブルを防止するために、採用選考時の提出書類を確認しましょう。

### トラブル回避のポイント

- 「採用選考時（応募時）の提出書類」と「入社時の提出書類」を明確に区別しておきましょう。

## ■ 提出書類を明確にする理由

履歴書や職務経歴書を、採用決定時、または入社時の提出書類として記載している就業規則を多く見かけます。実際、多くの会社では採用選考時に提出してもらっていると思われます。**採用担当者が混乱することのないよう採用選考時と採用決定時、または入社時の提出書類は分けて記載すべき**でしょう。

また、採用した従業員が入社後すぐに会社を辞めてしまったり、会社が期待していたレベルではなかったり、ということはよくあることです。したがって、採用選考において、「採用するための基準は何か」「その基準を満たしているかの判断材料となる書類は何か」を認識し、その目的に応じた書類の提出を求めましょう。

## ■ 採用選考時における法令の制限とは

採用選考において、どのような基準で、どのような人材を採用するかは、会社の方針によって決めます。しかし、各種法令により制限される事項もありますので注意が必要です。法的制限の主たるものを次の一覧で確認しましょう。

---

**メモ**

※1　筆跡や内容で応募の意気込み、誠実さがわかる場合もありますから、"自筆"の履歴書を提出してもらいましょう。さらに、学歴・職歴がすべて記載されているか、空白期間があれば何をしていたのかもチェックしましょう。

**根拠法令等**

※2　労働安全衛生法第66条、労働安全衛生規則第43条
常時使用する労働者を雇い入れる際は、健康診断を実施しなければならない。
原則として検査項目の省略は認められないが、医師による健康診断を受けてから3ヵ月以内の者が、その結果を証明する書類を提出した場合には、その項目は省略できる。

| | |
|---|---|
| 雇用対策法による制限 | 求人募集をする際は、**原則として年齢制限を設けてはいけません。**ただし、仕事内容によって合理的な理由がある場合は、特定の年齢層に限定して求人募集をすることができます。 |
| 男女雇用機会均等法による制限 | **男性と女性で採用を分けてはいけません。**「営業マン募集」といった一方の性のみの表現も禁止されています。 |
| 職業安定法による制限 | 次に掲げるような個人情報を採用選考の目的で収集することは禁止されています。<br>**① 人種、民族、社会的身分、門地（家柄）、本籍、出生地その他社会的差別の原因となるおそれがある事項**<br>・家族の職業、収入、本人の資産等の情報<br>・容姿、スリーサイズ等差別的評価につながる情報<br>**② 思想及び信条**<br>・人生観、生活信条、支持政党、購読新聞・雑誌・愛読書<br>**③ 労働組合への加入状況**<br>・労働運動、学生運動、消費者運動その他社会運動に関する情報 |
| 労働基準法による制限 | 満15歳に達した日以後の最初の3月31日が終了するまでの児童を雇用することは、原則として禁止されています。 |

### 📕 規定例

**第○条　採用選考の提出書類**

従業員として入社を希望する者は次の書類を提出しなければならない。ただし、会社が認めた場合は、書類の一部を省略することがある。
（1）**自筆**の履歴書（提出日前3ヵ月以内に撮影した写真を貼付すること）（※1）
（2）職務経歴書
（3）**健康診断書**（提出日前3ヵ月以内に受診したもの）（※2）
（4）最終学歴の卒業（見込）証明書・成績証明書（新卒者に限る）
（5）各種資格・技能証明書の写し
（6）退職証明書（前職がある場合）
（7）業務または通勤に車両を使用する場合は、次に掲げる書類
　　①運転免許証の写し　②車検証の写し　③運転記録証明書（過去5年分）
　　④自賠責保険、任意保険の保険証書の写し
（8）その他会社が必要とする書類

メモ
※3 本章5項
「ココもおさえる」参照

● 入社承諾書の例

入 社 承 諾 書

平成○年○月○日

株式会社 □□
代表取締役 □□□□ 殿

　この度、平成○年○月○日に、貴社採用内定通知を受け取りました。つきましては、貴社に入社することを誓約するとともに、下記事項を遵守いたします。

記

1. この承諾書提出後は、正当な理由なく、入社を拒否いたしません。
2. 指示された書類は速やかに提出いたします。
3. 住所変更・扶養家族の異動などの事実があれば直ちに文書で連絡いたします。
4. 次のいずれかに該当する事由が生じた場合は、採用を取り消されても異議なく承諾いたします。
   (1) 本入社承諾書、その他会社が求めた書類を会社の指定した日までに提出しなかったとき
   (2) 採用の前提となる条件が達成されなかったとき（採用予定日までに卒業できなかったとき、所定の免許や資格を取得できなかったとき、または取消があったときなど）
   (3) 採用予定日までに健康状態が採用内定日より低下し、勤務に耐えられないと会社が判断したとき
   (4) 履歴書、職務経歴書などの提出書類の記載事項や採用面接時の発言に偽りがあったとき
   (5) 犯罪行為、その他社会的に不名誉な行為を行ったとき、または採用選考時に過去の犯罪行為、その他社会的に不名誉な行為を秘匿していたとき
   (6) 内定時には予想できなかった会社の経営状況の悪化や事業運営の見直し等が行われたとき
   (7) その他上記に準じる、またはやむを得ない事由があるとき

内定者住所　○○○○○○○
氏　　　名　○○○○　㊞

● 採用内定通知書の例

## 採用内定通知書

平成○年○月○日

○○○○様

拝啓　時下益々ご清祥のこととお喜び申し上げます。
　先日は、弊社の採用試験のためにご来社いただきましてありがとうございました。慎重に検討させていただきました結果、採用内定させていただくことにいたしましたので、ここにお知らせいたします。心からお喜び申し上げます。
　入社手続きについての詳細は追ってご連絡いたします。つきましては、同封いたしました入社承諾書に必要事項をご記入いただき、ご署名ご捺印の上、平成○年○月○日までに弊社○○部あてにご返送ください。
　なお期日までにご返送いただけない場合には、内定を取り消させていただくことがありますのでご了承ください。

敬具

株式会社 □□
代表取締役 □□□□　㊞

### ココもおさえる　内定期間、試用期間の法的位置付け

内定期間、試用期間の法的な位置付けは次のとおりです。

「始期付解約権留保付雇用契約」（※3）が締結されたとみなされます

「解約権留保付の期間の定めのない雇用契約」が締結されたとみなされます

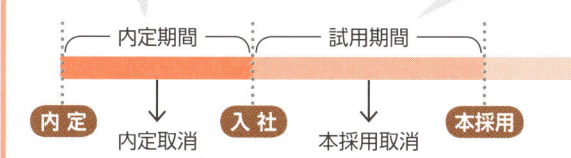

内定期間 ── 試用期間

内定 → 内定取消　入社 → 本採用取消　本採用

「採用内定後⇒（内定取消の場合）内定取消事由が必要」
「試用期間中または試用期間終了後⇒（本採用拒否の場合）本採用取消事由が必要」

# 5 「内定取消」を行う場合に備える

やむを得ず、採用内定を取り消さなければならなくなった場合を想定しておきましょう。

### トラブル回避のポイント

- 採用内定はすでに雇用契約が成立している状態とみなされます。したがって、安易に内定を取り消すことはできません。
- 内定取消は本人に責めがなくとも、会社の経営状況などによることがある旨を明確にして不測の事態に備えましょう。

### 根拠法令等
※1　職業安定法第54条
新規学卒者について募集後における募集の中止、一定の募集人員の削減、内定の取消・撤回または内定期間の延長をしようとするときは、あらかじめ公共職業安定所長または学校等の長に対してその旨を通知しなければならない。

## ■ 入社前のことでも、就業規則に記載すべき

就業規則は、実際に雇用している従業員の労働条件、服務規律を定めたものであり、まだ入社していない採用内定者に関することを記載するかどうかは難しいところです。また、採用内定者は労働基準法で定める労働者でもありません。したがって、**内定取消についての規定を設けるかどうかは任意**と考えられます。

しかし、内定取消に関するトラブルが世間では多く発生していることを考えると、内定取消についての規定がリスク回避の役割になりますので、就業規則に記載したほうがよいと考えられます。

## ■ 採用内定で雇用契約が成立するのか

新規学卒者等を採用する場合、内定通知書を交付し、「採用内定」を出すのが一般的です。この「採用内定」は、「始期付解約権留保付雇用契約の締結」と判断され、雇用契約が成立しているとみなされる場合は、原則として採用を取り消すことはできません（※1）。もし、採用を取り

消す場合は、採用内定取消事由として客観的に合理的な理由が存在し、社会通念上相当として認められる場合に限られます。これは、一般従業員の解雇と同様の意味を持つことになります。

> **規定例**
>
> **第○条　内定取消事由**
> 採用内定者が次の各号のいずれかに該当する場合は、採用内定を取り消し、採用しない。
> (1) 入社承諾書、その他会社が求めた書類を会社の指定した日までに提出しないとき
> (2) 採用の前提となる条件が達成されなかったとき（採用予定日までに卒業できなかったとき、所定の免許や資格を取得できなかったときまたは取消があったときなど）
> (3) 採用予定日までに健康状態が採用内定日より低下し、勤務に耐えられないと会社が判断したとき
> (4) 履歴書、職務経歴書などの**提出書類の記載事項や採用面接時の発言に偽り**があったとき
> (5) 犯罪行為、その他社会的に不名誉な行為を行ったとき、または採用選考時に過去の犯罪行為、その他社会的に不名誉な行為を秘匿していたことが判明したとき
> (6) 内定時には予想できなかった会社の経営状況の悪化や事業運営の見直し等が行われたとき
> (7) その他上記に準じる、またはやむを得ない事由があるとき

### ココもおさえる　始期付解約権留保付雇用契約とは

①会社による労働者の募集は「雇用契約の申込みの誘因」であり、これに対する、②求職者の応募または採用試験の受験は労働者による「雇用契約の申込み」です。そして、③会社からの採用内定通知の発信が使用者による「雇用契約の承諾」であり、これによって「始期付きの解約権を留保した雇用契約」が成立します。「始期付解約権留保」とは、入社予定日までの間に、**内定取消事由が生じた場合**は、会社は契約を解約できることを意味します。

## 6 「入社時の提出書類」を整理する

書類は期日までに提出してもらいましょう。提出期限を守らない場合の会社としての対応も決めましょう。

### トラブル回避のポイント

- 提出期限を守らない場合や虚偽の記載があった場合、会社として取るべき対応について定めておきましょう。
- 会社は取得した個人情報について、これらの情報の開示、利用については慎重に行わなければなりません。

**！重要**
※1 「住民票記載事項証明書」は住所や身元が確かかどうかの確認書類であるだけでなく、社会保険の資格取得手続きや住民税の納付先の確認など、労務管理上必要な情報が記載されていますので、必ず提出してもらいましょう。

**！重要**
※2 行政指導(昭和50年2月17日 基発第83号、婦発第40号)社会的差別を助長するおそれがあるとして、人権保護の観点から「戸籍謄(抄)本」や「住民票の写し」を提出させるべきではない、という行政指導があります。また「身上書」「家族調書」も同様の趣旨で提出を求めることは控えましょう。

### ■ 書類の提出日を定める

提出期限に関しては、特に法令による定めがないので会社が自由に決めてかまいません。しかし、提出書類はただ提出させて会社が保管すればいい、というものではありません。経歴詐称がないかの確認をしたり、身元保証人の確認をしたり、入社後の資格取得手続きの準備をしたりするために必要となる書類です。

すみやかな手続きを行うためには、そして労使トラブルを未然に防止するためにも、**書類の提出期日は適切に設定**し、その日までに提出するように指示すべきでしょう。

ここで集まった書類等は「個人情報保護法」の規制の対象になりますので、会社としての管理が必要です。

### ■ 提出期限を守らない場合

社会保険の資格取得届の提出期限は、原則として入社後**5日以内**と決められていますが、この届を作成するには入社する従業員に年金手帳の写しや雇用保険被保険者証の写し等を提出してもらわなければなりません。また、採用選

考時の発言の虚偽が判明するのをおそれて書類提出を拒む場合も考えられます。就業規則の内容がどんなにすばらしくても運用がいい加減では、就業規則を軽んじる従業員が増え、組織の統制が取れなくなることも考えられます。したがって、提出書類を指定日までに提出しなかった場合は、採用を取り消すこともあり得る旨を就業規則に記載することをおすすめします。

### 規定例

**第○条 入社時の提出書類**

1. 従業員として採用された者は、**入社日までに次の書類を提出しなければならない**。ただし会社が認めた場合は、提出期限を延長し、または提出書類の一部を省略することがある。
   (1) **住民票記載事項証明書**（※1）（※2）
   (2) **入社誓約書**
   (3) **身元保証書**
   (4) 給与所得者の扶養控除等申告書または扶養家族申請書
   (5) 年金手帳の写し（すでに交付を受けている場合）
   (6) 雇用保険被保険者証の写し（前職がある場合）
   (7) 源泉徴収票（採用の年に給与所得があった人）
   (8) 給与振込口座申請書
   (9) その他会社が必要とする書類
2. 前項の書類を入社日までに提出しなかった場合、**採用の取消、または懲戒処分の対象とする**ことがある。ただし、やむを得ない事情があると会社が認めた場合は、このかぎりではない。
3. 第1項の規定に基づき会社に提出された書類は、次の各号の目的のために利用する。
   (1) 法令に基づく各種手続き　(2) 昇降給の決定
   (3) 賃金、社内規程に基づく各種手当、賞与、退職金の支給
   (4) 所得税及び社会保険料の控除　(5) 配属先の決定
   (6) 人事異動（出向、転籍、派遣を含む）　(7) 表彰及び懲戒
   (8) 退職・解雇　(9) 教育管理　(10) 健康管理　(11) 災害補償
   (12) 前各号の他、会社の人事政策及び雇用管理を実施するために必要な事項

# 7 "もしも"のときのために「身元保証人」を立てる

もしも従業員が会社に損害を与えたら、もしも従業員が突然出勤しなくなったら……、"もしも"のときのために身元保証人は必要です。

### トラブル回避のポイント

- 従業員の人物保証や入社後、会社に損害を与えた場合に備えて身元保証書を提出してもらいましょう。
- 身元保証人には、近年急増中の労使トラブルやメンタルヘルス不全者の対応窓口として協力してもらうケースもあります。

### 根拠法令等
※1 身元保証に関する法律第2条
身元保証契約の期間は、5年を超えることはできない。もしこれより長い期間を定めたときは、これを5年の期間と定めたものとみなす。

## ■身元保証の目的とは

身元保証人を立てる目的は、従業員本人の**人物保証**だけではなく、従業員が会社に**損害を与えた場合にそれを賠償**する責任を持ってもらうことにもあります。

また、従業員本人に非違行為が同僚はじめ身元保証人といった周りの人にも迷惑がかかるということを自覚してもらう効果もあります。

なお、損害賠償の請求額については、たとえ身元保証書に「会社に損害を与えた場合、損害の全額を賠償する」と記載したとしても、身元保証人に対して全責任を追及できるわけではありません。通常は、従業員の過失の度合いや会社の管理監督責任等を考慮して判断しなければなりません。

## ■労使トラブルの対応窓口として

身元保証人となっている人には、近年増加している**労使トラブルやメンタルヘルス不全者の対応窓口**の役割を担ってもらう場合も考えられます。会社に迷惑をかけている自覚がない従業員や、メンタルヘルス不全者が会社の担当者

との面会を拒むような場合、本人に直接指導すると感情論となり解決も難しくなることがあります。そのため、身元保証人に事情を説明し、一緒に解決策を考えてもらうことも必要になるのです。

### 📕規定例

**第○条　身元保証人**
1. 身元保証人は2名とし、**経済的に独立した者**で会社が適当と認めた者とする。なお、2名のうち1名は必ず**親権者または親族人**とする。
2. 身元保証人の保証期間は5年とする。5年経過後は、新たに身元保証書を届け出なければならない（※1）。
3. 身元保証期間中に身元保証人の身上に変更があったときは、すみやかに会社に届出しなければならない。

### ●身元保証書の例

---

身 元 保 証 書

平成○年○月○日

株式会社 □□
代表取締役 □□□□ 殿

住　　所　○○○○○○○
氏　　名　○○○○　　㊞
生年月日　平成○年○月○日

　上記のものが会社に入社するに際し、身元保証人として会社の就業規則その他諸規程を遵守し忠実に勤務することを保証します。
　万が一、本人の故意または重大な過失により会社に損害を与えたときは、連帯してその損害を賠償することを確約いたします。
　また、心身の障害によって会社に損害や迷惑をおかけする場合には、身柄引取等適切な措置をとるとともに、連帯してその損害を賠償することを確約いたします。
　なお、本身元保証書の有効期間は、雇用契約締結日から5年間とし、5年経過後は、新たに身元保証書を届出することを承諾します。

住　　　　所　　○○○○○○○
電　話　番　号　○○○○
本人との関係　　○○
身　元　保証人　○○○○　　㊞

# 8 法律で決められている「労働条件の明示」

会社には、労働基準法の定めにより雇入れの際、労働条件を明示する義務があります。

### トラブル回避のポイント

- 労働時間、賃金などの労働条件を明確にすることで、解釈や認識の違いから生じる労使トラブルの防止にもなります。

**根拠法令等**
労働基準法第15条

**メモ**
※1 1章2項「就業規則の絶対的記載事項」と内容が似ていますが、法令では別途、「個別の労働条件に際して明示しなくてはならない事項」が定められています。

**メモ**
※2 書面による明示が義務付けられている「絶対的明示事項」の①〜⑤については、「自由な方法でよく、当該従業員に適用する部分を明確にして就業規則を雇用契約の締結の際に交付することとして差し支えない」とされています。つまり、個別の雇用契約書に記載するかわりに、就業規則を交付することでもかまわないということです。

## ■ 労働条件の明示は法令で決められている

雇用契約を締結する際に、会社は従業員に対して労働条件を明示しなければならないと定められています。

そこには**必ず明示**しなければならない事項（絶対的明示事項）と、会社で制度として**定めをする場合には明示**しなければならない事項（相対的明示事項）があります（※1）。

**＜絶対的明示事項＞**
①雇用契約の期間　②就業の場所、従事すべき業務
③始業及び終業の時刻、所定労働時間を超える労働の有無、休憩時間・休日・休暇、労働者を2組以上に分けて就業させる場合における就業時転換に関する事項
④賃金（退職金、賞与等を除く）の決定・計算・支払いの方法、賃金の締切・支払の時期、昇給に関する事項
⑤退職に関する事項（解雇の事由を含む）

**＜相対的明示事項＞**
①退職金（労働者の範囲、退職手当の決定・計算・支払いの方法及び支払の時期に関する事項）　②臨時の賃金及び最低賃金額　③労働者に食事、作業用品その他の負担をさせる定めをする場合は、これに関する事項　④安全及び衛生に関する定めをする場合は、これに関する事項　⑤職業

訓練に関する定めをする場合は、これに関する事項　⑥災害補償及び業務外の傷病扶助に関する定めをする場合は、これに関する事項　⑦表彰及び制裁の定めをする場合は、種類及び程度に関する事項　⑧休職に関する事項

### 📙 規定例

**第○条　労働条件の明示**

1. 会社は第○条によって採用した従業員に対して、書面の労働条件通知書（または雇用契約書）を交付するとともに、本規則を周知させることにより次の事項について明示する。
   (1) 雇用契約の期間　(2) 就業の場所及び従事する業務
   (3) 始業及び終業の時刻、所定労働時間を超える労働の有無
   (4) 休憩時間、休日、休暇に関する事項
   (5) 賃金の決定、計算及び支払方法並びに賃金の締切り及び支払時期
   (6) 賞与、昇給の有無　(7) 定年、退職となる事由及び退職の手続
   (8) 解雇の事由及び解雇の手続
   (9) 退職金制度の対象の有無及び退職金制度の対象となる従業員については、退職金の決定、計算及び支払い方法並びに退職金の支払い時期に関する事項
   (10) 休職制度の対象となる従業員については、休職事由及び休職期間
2. 従業員は、この書面の労働条件通知書（または雇用契約書）及び本規則の内容についての質問、確認事項がある場合は会社まで照会するものとする。

### 👆ココもおさえる　労働条件の明示は文書で行う

「絶対的明示事項」の①～⑤は**必ず書面により明示**しなければなりません。これら事項を「口頭で伝えた」だけでは（雇用契約そのものは成立しても）"労働基準法第15条違反"になります。さらに、絶対的明示事項以外の事項についても、後々「言った・言わない」の水掛け論になることを避けるために、書面での明示・確認を行いましょう（※2）。

# 9 「試用期間」の役割を明確にする

会社にとっても新入社員にとっても大切な期間である試用期間の役割をしっかり理解しましょう。

### トラブル回避のポイント

- 試用期間の有無、試用期間の短縮または延長もあり得る旨を明確にしましょう。
- 試用期間中の解雇もあり得る旨、さらに、どのような場合に解雇になるのか、その根拠を明確にしましょう。

**メモ**
※1 9章1項「解雇」参照

**CHECK**
※2 試用期間は従業員の適格性を会社が判断する期間でもあります。しかし、試用期間だけでは適性を判断できない場合もあります。したがって、試用期間を延長できる旨を定めておきましょう。

## ■ 試用期間の定め方

　試用期間は本来、新たに採用した者の勤務態度や職務遂行能力を総合的に考慮し、本採用の適否を判断する重要な期間です。また、**試用期間については、法令による決まりはありません。**したがって、試用期間を設けるか、その期間をどれくらいにするかは会社の自由です。試用期間の長さは3ヵ月とする会社が多く、1ヵ月～6ヵ月程度の範囲内が一般的です。あまりにも長期の試用期間の定めは公序良俗に反するとみなされ、無効となった判例もあります。

## ■ 試用期間であっても自由に解雇はできない

　**試用期間中だからといって、いつでも自由に解雇することはできません。**試用期間中の解雇（本採用拒否）の基準は、本採用後の解雇に比べて、会社の裁量範囲が広いとされていますが、その根拠（基準）が明確であることが重要になります。本採用後の解雇とは別に試用期間中の解雇の根拠を就業規則で明確にしておくことがポイントです。

　なお、試用期間中は、採用日から14日以内であれば、

解雇手続きをとることなく即時解雇が可能です。しかし、14日を経過した場合は、少なくとも30日前に予告するか、平均賃金の30日分以上の解雇予告手当を支払う必要があります（※1）。

### 規定例

**第○条　試用期間**
1. 新たに採用した者については、採用日から○ヵ月間を試用期間とする。
2. 試用期間中に本採用とすることの適否を判断できないときは、前項に定める試用期間について○ヵ月を上限として延長することがある（※2）。
3. 会社は、特殊な技能や経験を有すると会社が認めた者などについては、試用期間を短縮し、または設けないことがある。
4. 試用期間は勤続年数に通算する。

**第○条　本採用拒否**
試用期間中の従業員が次の各号のいずれかに該当するときは、**当該期間中もしくは当該期間終了時に本採用せずに解雇**する。ただし、改善の余地があるなど、特に会社が認めた場合には、その裁量によって試用期間を延長し解約権を留保することもある。
（1）正当な理由のない欠勤、遅刻、早退を繰り返すとき
（2）職務遂行能力等に問題があり、従業員として勤務することが不適当と会社が判断したとき
（3）必要な教育を施したが会社が求める能力を習得できず、また、**改善の見込みも薄い**と認められるとき
（4）上司の指示に従わない、同僚との協調性がない、業務に対する積極性がないなど、勤務態度が悪いとき
（5）書面、口頭を問わず、採用選考時及び入社時に会社に申告した経歴や保有資格等に偽りがあったと認められるとき
（6）必要書類を提出しないとき
（7）健康状態が悪いとき（**精神の状態を含む**）
（8）当社の従業員としてふさわしくないと認められるとき
（9）その他、上記に準じるとき、または第○条に規定する解雇事由に該当したとき

# 10 「人事異動」を命じるときに会社がするべきこと

人事異動は会社が一方的にできるのでしょうか？　人事異動命令を出すとき、会社が注意しなければいけないことを確認しましょう。

### トラブル回避のポイント

- 人事異動は原則として、業務命令であり従業員は拒否できないことを明確にしましょう。
- 人事異動にともない、業務の引き継ぎをきちんとしなければならない旨を定めましょう。

### CHECK

※1　配置転換
職場の変更(例えば、営業部から人事部に異動)や職務内容の変更(例えば、営業担当から人事担当に異動)のこと

※2　転勤
勤務地の変更(例えば、東京本社から大阪支店に異動)のこと

※3　出向
会社に在籍のまま、会社の命令により、他の会社の業務に従事すること

※4　転籍
本人の同意を得て、会社との雇用関係を終了し、他の会社と新たな雇用契約を行い、その会社の業務に従事すること

### メモ

※5　包括的同意とは、「就業規則に定めがあり、周知されていれば、従業員の個別の同意を必要としないこと」を言います。

## ■ 人事異動を命じるときの注意点

　会社内の人事異動である配置転換(※1)、や転勤(※2)、出向(※3)、転籍(※4)については、**職種や勤務地を限定されて採用された場合を除いて、会社の命令権が認められています**。従業員の入社時に雇用契約書を締結したり、配置転換や転勤について規定した就業規則を明示したりすることで、**包括的同意**(※5)を得たとみなされます。しかし、次のような判断基準をクリアしていない場合には、**「権利の濫用」とみなされてしまう可能性**が高くなります。

①業務上の必要性があるか
②命令の背景に不当、もしくは悪意のある目的や動機がないか
③本人が受ける不利益の程度はどうか

　さらに、適切な引き継ぎを怠った場合や引き継ぎが不完全な場合は懲戒処分もあり得ることを組織のルールとして共有することが必要です。

📕 **規定例**

**第○条　人事異動**
1. 会社は業務上の必要がある場合、もしくは従業員の健康状態や職務遂行能力の状況により、配置転換（職務内容の変更を含む）、または転勤を命ずることがある。
2. 前項の命令を受けた従業員は、正当な理由なくこれを拒むことはできない。
3. 人事異動を命じられた者は、会社が指定した期限までに完全に**業務の引き継ぎを完了**しなければならない。引き継ぎを怠った場合及び引き継ぎが不完全な場合、または指定された日までに着任できなかった場合、その他業務に支障をきたした場合には、懲戒処分の対象とすることがある。

**第○条　人事異動の事由**
人事異動は、次のいずれかの事由により行う。
（1）担当業務の変更や役職を任命、解任するとき
（2）事業拡大、縮小、組織の変更、部門の新設、廃止、縮小をするとき
（3）人員の過剰や不足があるとき
（4）人材育成の必要があるとき
（5）上記の他、会社の経営上必要と認められるとき

**第○条　出向**
1. 会社は、業務上の必要がある場合、会社に在籍のまま関連会社等に出向を命ずることがある。
2. 前項の命令を受けた従業員は、正当な理由なくこれを拒むことはできない。
3. 出向先で従事すべき職務内容、労働時間、休日、休憩、服務規律、安全衛生等については、原則として出向先の定めを適用する。ただし、賃金、年次有給休暇、退職、解雇、懲戒、定年等の労働条件については、本規則を適用する。労働条件について疑義が生じた場合は、会社、出向先、及び従業員で協議するものとする。

**第○条　転籍**
1. 会社は、業務上の必要がある場合、転籍を命ずることがある。
2. 会社は、転籍を命ずる場合、**原則として本人の同意**を得るものとする。
3. 会社は、転籍に際し、賃金等の労働条件に関して従業員の不利益が最小限となるように努めるものとする。

# 3章 服務規律

1 職場秩序の維持のために「遵守事項」をおさえる
2 「出勤・退勤」のルールを明確にしよう
3 「遅刻・早退・欠勤」のルール
4 「セクシュアルハラスメント」対策を定める
5 「パワーハラスメント」を見逃してはいけない
6 業務に関係のない「パソコンの私的使用」を禁止する
7 「マイカー通勤」、管理によっては会社の責任問題に
8 「二重就業」の禁止で会社の秩序を守る
9 「秘密保持」は情報化社会の最優先課題
10 「競業禁止」で会社の競争力を維持する
11 "もしも"のための「損害賠償」の定め方

# 1 職場秩序の維持のために「遵守事項」をおさえる

価値観が多様化している現在だからこそ、「職場のルール」を確立して職場秩序を維持しましょう。良好な組織風土づくりの第一歩です。

### トラブル回避のポイント

- 「職場のルール」を周知、徹底して、職場秩序を維持し、労使トラブルの防止に努めましょう。
- 職場秩序を維持するために、服務規律を守らない場合は、懲戒処分の対象となることも明確にしましょう。

**メモ**
※1　服務規律の内容を検討する際は、"現場の声"や、職場の実態を考慮して定めましょう。そのために各部署の責任者の意見を参考にしましょう。

**メモ**
※2　服務規律の規定としては、出勤・退勤に関することや、遅刻・早退・欠勤に関すること、セクシュアルハラスメントやパワーハラスメントに関すること、パソコンの使用に関することなど、記載すべきことが多岐にわたります。本書では別規定として解説します。

## ■ 服務規律は就業規則の最重要ポイント

会社は、経営理念の実現や経営計画を実行するために従業員を雇用し、組織化しています。そこで、従業員一人ひとりが好き勝手な行動をしてしまうと、業務の正常な運営もできなくなります。

従業員が一丸となって会社の業務に向かうためには、**職場の秩序を維持するための"ルール"**が必要となります。このルールを体系化したものが服務規律です。

最近、様々な業界で、セクハラ、パワハラ、機密情報の漏えいといった不祥事が発生しています。場合によっては、会社が配慮していなかったという視点から、会社側も責任を問われてしまいます。

さらに、以前は当たり前のことと思われていた行為も時代の移り変わりや価値観の多様化により人それぞれに解釈されることが多くあります。したがって、**会社が考える期待する従業員像を明確**にし、従業員が「やるべきこと」「やってはいけないこと」を、できるだけ具体的に服務規律に定めなければなりません（※1）。

## ■ 服務規律に定めること

　服務規律は多岐にわたります。だからこそ、できるだけ広範囲に列挙したほうがよいでしょう。服務規律の内容を大きく分類すると下記のようになります。

| | |
|---|---|
| 職場環境維持に関する事項 | 職場の秩序や職場環境を維持するための遵守事項を中心に規定しましょう。 |
| 職務専念義務に関する事項 | 勤務時間中は職務に専念する義務が従業員にはあります。従業員が職務に専念するために、その障害となる事項を規定しましょう。 |
| 信用維持に関する事項 | 従業員にとっては、職場外で行われる私的行為であっても、雇用契約に付随して信用を保持する義務を負っています。私的行為が会社に与える影響を考慮して規定しましょう。 |
| その他の事項 | 身だしなみや勤務態度、情報管理など、従業員として守るべき事項を規定しましょう。さらに詳しく定めておきたい場合は、秘密保持に関する条文などを別途規定してもよいでしょう。 |

　さらに、会社ごとに独自の決まりごとがあれば、服務規律として定めることも検討しましょう（※2）。

### 規定例

**第○条　服務の基本原則**
1. 従業員は、**会社の一員としての自覚と責任感**を持って**誠実に**業務を遂行しなければならない。また、**社会人として社会的ルールを守り**、**マナーを心がけなければならない。**
2. 従業員は、**本規則及び本規則の付属規程を遵守しなければならない。**
3. 従業員は、**業務上の指揮命令に従う**とともに、**同僚とも相互協力**し、**自己の業務に専念し、業務運営を円滑に行う**とともに、**職場秩序を維持**しなければならない。
4. 従業員は、**お互いの人権及び人格を尊重し**、**快適な職場環境を形成**してい

かなければならない。
5. 従業員が本条及び次条の規定に抵触した場合は、**懲戒処分の対象**とする。

### 第○条　服務心得

1. 従業員は、次の各項を遵守し、服務に精励しなければならない。
2. 従業員は、次の各号に掲げる**職場環境維持に関する事項**を守らなければならない。
   (1) 職場の整理整頓に努め、気持ちよく勤務ができるように、常に職場の清潔を保つこと
   (2) 他の従業員との円滑な交流に努め、よい人間関係の構築を心がけること
   (3) 酒気を帯びて勤務しないこと。また勤務中に飲酒しないこと
   (4) 会社が指定した場所以外で、喫煙をしないこと
   (5) 電熱器もしくはコンロ等の火気を会社の許可なく使用しないこと
   (6) 就業時間外に会社の構内、施設へ出入りする場合は所属長の許可を受けること
   (7) 会社の内外を問わず、悪口、侮辱、流言、暴力など、他人に迷惑となる行為をしないこと
   (8) セクシュアルハラスメントやパワーハラスメント、モラルハラスメントなどの行為により、他の従業員に不利益を与えないこと
   (9) 会社の施設内で、賭博、またはこれに類する行為を行わないこと
   (10) 他の従業員を教唆して本規則に反するような行為や職場秩序や職場環境を乱すような行為をしないこと
3. 従業員は、以下に掲げる**職務専念義務に関する事項**を

守らなければならない。
(1) 会社の指揮命令に従い、勤務中は職務に専念し、みだりに職場を離れたり、責務を怠る行為をしないこと
(2) やむを得ない事由のある場合を除き、遅刻や早退、欠勤をしたり、勤務時間中の私用外出や私用面会をしないこと
(3) 携帯電話での私用会話（メールを含む）は緊急を要する場合以外は、原則として行わないこと
(4) 会社の事前の許可なく、勤務時間中に政治活動、宗教活動、社会活動、物品販売、勧誘活動、集会、演説、文書配布、貼紙掲示、放送、募金、署名、その他業務に関係のない行為をしないこと（会社の施設内の他、取引先及び出張先においても同様とする）
(5) 会社の事前の許可なく、他社に雇用されるなど、報酬を得て第三者のために何らかの行為をしたり、自ら営利目的のため事業を開始したりしないこと（たとえ、ボランティアなどの公益的行為であっても、会社における業務遂行に際し精力が分散されると認められるときは、会社と事前に協議の上、会社の許可を得なければならない）

4. 従業員は、以下に掲げる**信用維持に関する事項**を守らなければならない。
(1) **職場の内外を問わず**、暴行、脅迫など、粗野かつ乱暴な言動で他人に迷惑をかけないこと
(2) 会社及び従業員、または顧客、取引先を誹謗中傷するような文書の配布やメールの送信、またはこれらに類する行為をしないこと
(3) 会社の職位や職務上の立場を利用して、顧客、取引先及び他の従業員に対して、不正に金品等を要求したり受領したりしないこと。また、私事の理由で貸借関係を結ぶなど、私的な利益を甘受しないこと
(4) 会社及び通勤途上において、痴漢行為、性差別、またはセクシュアルハラスメントに該当する言動をしないこと
(5) 正当な理由なく他人の住居等に侵入したり、ストーカー行為に該当したりすることをしないこと
(6) 酒気を帯びて車輛等を運転しないこと。過労や疾病、投薬の影響などの理由により正常な運転ができないおそれがある場合は車輛等を運転しないこと

> 根拠法令等

※3 労働基準法第89条第9項
常時10人以上の労働者を使用する使用者は、次に掲げる事項について就業規則を作成し、行政官庁に届け出なければならない。次に掲げる事項を変更した場合においても、同様とする。
第9項 表彰及び制裁の定めをする場合においては、その種類及び程度に関する事項

(7) 泥酔して公共の場で他人に迷惑をかけるような言動をしないこと

5. 従業員は、**第1項から第4項の他、次に掲げる事項**を守らなければならない。
   (1) 自らの職務の権限を越えて、専断的な行為を行わないこと
   (2) 勤務時間中は常に時間意識を持ち、時間を有効に活用すること
   (3) 業務遂行上、必要とされる知識や技術の研鑽向上を怠らないこと
   (4) 身だしなみ（衣服、髪型、化粧、爪、アクセサリーなど）は、常に清潔を保ち、他人に不快感を与えないものであること。また、職場の雰囲気にふさわしくない見だしなみは慎むこと
   (5) 住所、家庭関係、経歴、その他の会社に申告すべき事項及び各種届出事項について虚偽の申告を行わないこと
   (6) 会社から貸与されたもの、及び会社の施設・備品を大切に扱い、これを破損、紛失させるようなことをしないこと
   (7) 消耗品は節約を心がけ、書類は丁寧に扱うとともにその保管にも十分注意すること
   (8) 業務の報告・連絡・相談（"ほう・れん・そう"）は正確かつ確実に行うこと

■ **服務規律と懲戒処分はセットで考える**

　服務規律は、社会人として、そして会社の組織人として、守るべき内容を定めるのが一般的です。

　最近、「職場のルール」である服務規律を守らない従業員の対応に悩んでいる会社が増えています。価値観の多様化が進んでいるので、服務規律の内容も時代背景を考慮してより具体的に定めるべきでしょう。

　従業員が服務規律に反した場合や不祥事を犯した場合、会社として毅然とした態度で対応すべきです。そのために、**違反した場合には、懲戒処分を課す旨を定めておきましょう。**

　労働基準法では、「会社が懲戒処分を行うには、懲戒の種類や程度を就業規則に定めておくこと」が義務付けられています（※3）。**就業規則に懲戒の種類や程度の定めがなければ懲戒処分をすることができない**のです。従業員全員で服務規律を共有し守ってもらうためにも、懲戒処分について、「どの服務規律を守らなかった場合、どのような懲戒処分になるのか」を必ず定めておきましょう（9章4項参照）。

> **ココもおさえる　会社のオリジナル条文を記載しよう**
>
> 服務規律に、会社の独自性を反映する条文を入れることも検討しましょう。
> 例えば、接客業に携わる職場では、次のような条項を規定することもできます。
> ・業務中はアクセサリー類を外すこと　・長爪にしないこと
> ・ネイルはしないこと　　　　　　　　・香水は控えること
> ・頭髪は染色しないこと　　　　　　　・長髪は束ねること

# 2 「出勤・退勤」のルールを明確にしよう

出勤・退勤の管理は労務管理の基本となります。"遅刻の常習"や"ダラダラ残業"を見逃しておくと職場秩序の崩壊を招きます。

### トラブル回避のポイント

- 労働時間とは、原則として「業務開始から終了」までと理解しましょう。
- 残業は「事前申請」と「上司の許可」の2つのステップで管理しましょう。

**メモ**
※1　4章3項参照

**メモ**
※2　出勤時刻：会社に出勤した時刻
始業時刻：業務を開始した時刻
終業時刻：業務を終了した時刻
退勤時刻：会社を退社した時刻

## ■ 出退勤の時間＝労働時間ではない

　出退勤の記録と管理については、出勤簿に出退勤時刻を記入する、またはタイムカードによる打刻が主流です。その他、IDカードを使用したり、パソコンにログイン・ログアウトする方法で行う会社もあります。ここでしっかりおさえておきたいことは、どの方法を採用するにしても、「出勤時刻」から「退勤時刻」までの時間が、すべてそのまま「労働時間」になるわけではありません（※1）（※2）。

## ■ 労働時間とは指揮命令下に置かれている時間

　**労働時間とは「労働者が使用者（会社）の指揮命令に服し、労務を提供している時間」**のことを言います。したがって、会社に出勤した時点や業務開始前の準備時間は労働時間としない旨を就業規則に定めても問題ありません。

　ただし、業務開始前の準備が業務に関連性があることが明確な場合（業務を行う前の朝礼や工場にある機械の点検作業など）や会社が義務付けした作業服への着替え時間は労働時間とされた判例もありますから注意しましょう。

📕 **規定例**

**第○条　出勤・退勤**

1. 従業員は**業務の開始及び終了にあたっては、その時刻を自ら記録**しなければならない。
2. 従業員は、**始業時刻には直ちに業務に着手できる**ようにしなければならない。また終業時刻までは業務を行い、終業時刻前に帰り支度をしてはならない。**終業時刻後は特別の用事がないかぎりすみやかに退社**しなければならない。
3. 退社するときは、機械、器具、その他の備品及び書類等を整理整頓し、安全及び火気を確認しなければならない。
4. 直行・直帰や在宅勤務など、勤務時間の記録ができない場合は、所属長に対して業務開始及び終了時刻を報告し、承認をもらわなければならない。
5. **所属長は、部下の時間管理に責任を持たなければならない**。また、故意に記録する時刻を早くしたり、遅くしたりする者がいた場合、所属長は、その者に対して厳重注意しなければならない。厳重注意を怠った場合、所属長も管理責任能力不足と判断し、人事評価の査定対象とする。
6. 第1項及び第2項の規定にかかわらず、会社が定める始業時刻前に業務を行う必要がある場合や、会社が定める終業時刻後に業務を行う必要がある場合は、原則として、**所属長の指示**があった場合、または**事前に所属長に対して「時間外勤務許可申請書」を提出し許可**された場合のみその業務遂行時間を認めるものとする。

---

☝ **ココもおさえる**　**部下の労働時間管理は上司の仕事のひとつ**

　就業規則に定めるだけでなく、部下を持つ上司に対して、「労働時間とは、原則として出社から退社までではなく、業務開始から終了までである」ことを"意識付け"しましょう。また、所属長等上司には、部下の労働時間に関する管理責任があることも理解してもらいましょう。

# 3 「遅刻・早退・欠勤」のルール

「理由のはっきりしない遅刻や早退、欠勤は認めない」、という会社の毅然とした態度が必要です。

### トラブル回避のポイント
- 遅刻・早退・欠勤は原則として「事前申請」を義務付けしましょう。
- 無断の遅刻・早退・欠勤は処罰の対象となることも記載しましょう。

**根拠法令等**
労働基準法第24条第1、2項、第91条

**メモ**
※1 「ノーワークノーペイの原則」とは、「不就労」、つまり仕事をしなければ賃金は「不支給」という意味です。

**メモ**
※2 7章8項「皆勤手当」、9章3項、4項「懲戒の種類」「懲戒処分」参照

## ■ 遅刻・早退・欠勤のルールを明確にする

遅刻・早退・欠勤は、無断で行わないようにすることが大前提です。遅刻・早退・欠勤することが事前にわかっていれば、あらかじめ届け出て所属長等上司の承認を得なければならないルールを決めましょう。

## ■「遅刻3回で1日欠勤したものとする」のは違法？

1ヵ月の間に1時間の遅刻を3回した場合、「ノーワークノーペイの原則」(※1)により、不就労の3時間分については賃金を不支給とすることが可能です。しかし、「遅刻3回＝欠勤1日」として、「3時間の不就労に対して1日分の賃金を不支給とする」ことは、「賃金全額払いの原則」に反します。ですから基本給から「1日分不支給」とすることはできません。

ただし、就業規則において「遅刻を3回した場合は減給する」という「減給の制裁」(懲戒処分) を規定しているのであれば、「遅刻3回」という1事項に対して「平均賃金1日分の半額」まで減給することが可能になります (※2)。

なお、いきなり懲戒処分を実行するのは権利の濫用とみなされることもあるので、まずは所属長等上司による厳重

注意を行うべきでしょう。その上で遅刻が繰り返される場合には、軽度の懲戒処分から段階的に対応していきましょう。

### 規定例

**第○条　遅刻・早退**
1. 従業員が遅刻または早退をする場合は、**あらかじめ会社所定の手続き**により、その理由、時間などを所属長に届け出なければならない。
2. 前項の規定にかかわらず、交通事情、もしくは突然の病気や事故などによりやむを得ない理由がある場合は、電話等ですみやかに会社に連絡し、出勤後会社所定の手続きにより所属長に届け出なければならない。
3. 従業員が前第1項及び第2項に定める連絡や手続きを怠った場合、無断遅刻、または無断早退として懲戒処分の対象とする。
4. 傷病による遅刻または早退をする場合、会社は医師の診断書、その他当該事由を明らかにする書類を求めることがある。
5. 原則として遅刻、早退した場合、その不就労時間分の賃金を控除する。

**第○条　欠勤**
1. 従業員が傷病その他やむを得ない事由により欠勤する場合は、**前日までに会社所定の手続き**により、その理由、日数などを所属長に届け出なければならない。
2. 前項の規定にかかわらず、やむを得ない理由がある場合には、**当日始業時刻前までに**電話等で会社に連絡し、出勤後会社所定の手続きにより所属長に届け出なければならない。
3. 従業員が前第1項及び第2項に定める連絡や手続きを怠った場合、無断欠勤として懲戒処分の対象とする。
4. 傷病による欠勤をする場合、**欠勤日数にかかわらず、会社は医師の診断書、その他当該事由を明らかにする書類を求める**ことがある。また、会社が必要と認めたときは、会社が医師を指定することがある。
5. 原則として、欠勤した場合、その欠勤日数分の賃金を控除する。ただし、**会社が認めた場合は、年次有給休暇に振り替える**ことがある。

# 4 「セクシュアルハラスメント」対策を定める

セクシュアルハラスメントは、会社に対しても使用者責任を追及され、損害賠償が必要になることもあるので、細心の注意を払いましょう。

### トラブル回避のポイント

- セクシュアルハラスメント対策を怠ると、人間関係や職場環境が悪化し、業務効率や生産性の低下を招きます。
- セクシュアルハラスメントは、"犯罪"であり、単なる個人間の問題ではなく重大な労務問題であるという認識を会社・従業員で共有しましょう。

**根拠法令等**
男女雇用機会均等法第21条

**根拠法令等**
※1 民法第715条（使用者等の責任）
会社（管理者）は、原則として、従業員がその業務において第三者に加えた損害を賠償する責任があります。

**根拠法令等**
※2 民法第709条（不法行為による損害賠償）
故意または過失によって他人の権利または法律上保護される利益を侵害した者は、これによって生じた損害を賠償する責任を負います。

## ■ セクシュアルハラスメントの種類

セクシュアルハラスメントとは、職場において相手の望まない性的言動による嫌がらせのことであり、次の2種類に分類されます。

| | |
|---|---|
| ①対価型 | 職場で行われる性的言動に対し、抗議や拒否した従業員が解雇や降格などの不利益を負ってしまう。 |
| ②環境型 | 職場で行われる性的言動により就業がしにくくなり、従業員の能力発揮に影響を及ぼす等、職場環境が害される。 |

## ■ 会社の姿勢を明確にする

法令において、職場におけるセクシュアルハラスメント防止のために雇用管理上の配慮をすることが、会社に義務付けられています。

会社内でセクシュアルハラスメント対策を行っていないと、加害者が刑事上・民事上の法的責任はもちろんのこと、会社や管理者も使用者責任（※1）や不法行為責任（※2）

を問われ、職場環境配慮義務違反で訴えられたり、損害賠償請求されたりすることもあります。会社の社会的信用にも大きな影響を及ぼします。セクシュアルハラスメントの未然防止のために、就業規則にセクシュアルハラスメントの禁止規定を設け、従業員に対する周知や研修などを実施していきましょう。

### 規定例

**第○条　セクシュアルハラスメントの禁止**

1. 職場または業務遂行に関連する場所において、セクシュアルハラスメントにより**他の従業員の働く意欲を阻害**し、**職場の秩序を乱す行為**を行ってはならない。
2. セクシュアルハラスメントとは、相手の意に反する性的言動などにより職務遂行上、**一定の不利益を与える行為**、または**職場環境を悪化させる行為**を指す。具体的には次に該当する行為を指す。
   (1) むやみに身体に接触すること
   (2) 性的な言動によって他人に不快な思いをさせること
   (3) 他の従業員の職務遂行に支障を与えるような性的な関心の表現や性的な行為を行うこと
   (4) 相手が返答に窮するような性的な言動を行うこと
   (5) ヌードポスターや卑猥な写真等の配布や掲示を行うこと
   (6) 性的な経験談を話したり、尋ねたりすること
   (7) 交際や性的関係を強要すること
   (8) 容姿や身体上の特徴に関する発言や人格を傷つけかねない質問や言動をすること
   (9) その他、相手に不快感を与える言動などにより、円滑な職務の遂行を妨げると判断される行為をすること
3. セクシュアルハラスメントに関する**相談または苦情処理の窓口**を○○部に設置する。会社は、相談または苦情処理を申し出た従業員の**プライバシーに十分な配慮を行う**ものとする。
4. セクシュアルハラスメントに該当する行為を行った従業員は、**懲戒処分の対象とする**。

## 5 「パワーハラスメント」を見逃してはいけない

パワーハラスメントは、知らないうちに組織風土を壊してしまいます。会社として見逃してはいけません。

### トラブル回避のポイント

- パワーハラスメントは従業員のモチベーションの低下や人間関係の悪化を招きます。パワーハラスメントに対する会社の姿勢を明確にしましょう。
- パワーハラスメントによるメンタルヘルス不全者が急増しています。パワーハラスメントを未然に防ぐ職場風土をつくりましょう。

**メモ**
※1 さらに、言葉や態度、身振りや文書などによって、働く者の人格や尊厳を傷つけたり、肉体的、精神的に傷を負わせて、その者が職場を辞めざるを得ない状況に追い込んだり職場の雰囲気を悪くさせる、「モラルハラスメント」も問題視されています。

**CHECK**
※2 平成24年1月、厚生労働省は「パワーハラスメント」の定義付けを行い、公表しました。

### ■ 定義付けが難しいパワーハラスメント

パワーハラスメントとは、「"職務上の立場や職権等を利用して"適切な業務範囲を超えて人格と尊厳を侵害する言動を行い、職場環境を悪化させる行為、または他の従業員に雇用不安を与える行為」のことを言います（※1）。

会社が組織である以上、上司から部下に対する指示命令は職務上不可欠なものです。しかし、どの程度まで職権としてふさわしいものかは、個々のケースで判断せざるを得ません。また受け取る側の性格などによっても違いが生じます。パワーハラスメントは、セクシュアルハラスメントのような法的な定義付けがないので、該当するか否かの判断は大変難しく、かつ表面化しにくいのが現状です（※2）。

### ■ メンタルヘルス対策を視野に入れる

人権意識の高まりとともに会社内の暴力（言葉による暴力を含みます）やいじめ、嫌がらせなどが人権侵害やうつ病、自殺などを引き起こし、被害者（遺族）が裁判などで訴えるケースが増えてきました。

パワーハラスメントによるうつ病や自殺は労災として認定される可能性があるばかりでなく、裁判に進展すれば直接の加害者はもちろん、会社に対しても損害賠償を請求されることもあります。

したがって、会社としては、パワーハラスメントの未然防止に努めることが重要となります。そのために、就業規則にパワーハラスメントの禁止規定を設け、従業員への周知や管理職研修などによる啓蒙を行いましょう。

### 規定例

**第○条　パワーハラスメントの禁止**

1. 職場または業務遂行に関連する場所において、パワーハラスメントにより**他の従業員の働く意欲を阻害し職場の秩序を乱す行為**を行ってはならない。
2. パワーハラスメントとは、職務上の立場や職権等を利用して、適切な業務範囲を超えて**人格と尊厳を侵害する言動**を行い、**職場環境を悪化させる行為**、または**他の従業員に雇用不安を与える行為**を指す。具体的には次に該当する行為を指す。
    (1) 他の従業員の前で特定の従業員を大声で怒鳴ったり、机を叩いて脅したりすること
    (2) 部下を無視したり、故意に仕事を与えないようにしたりすること
    (3) 部下の能力を故意に低く評価すること
    (4) 部下の昇進を妨害したり、人事異動を強要したりすること
    (5) 長時間の時間外労働を強要すること
    (6) 退職を強要すること
    (7) 催しや従業員旅行を強要すること
    (8) その他、相手の人格を傷つけかねない言動により、円滑な職務の遂行を妨げると判断される行為をすること
3. パワーハラスメントに関する**相談または苦情処理の窓口**を○○部に設置する。会社は、相談または苦情処理を申し出た従業員の**プライバシーに十分な配慮を行う**ものとする。
4. パワーハラスメント該当行為を行った従業員は、懲戒処分の対象とする。

# 6 業務に関係のない「パソコンの私的使用」を禁止する

会社のパソコンを使ってのインターネット閲覧や電子メールの利用は、業務上に限られます。IT技術の進化にともない時代に即した定めが必要です。

## トラブル回避のポイント

- 現代社会において、パソコンは業務遂行上、必要不可欠のツールです。原則として私的使用は禁止であることを明確にしましょう。
- プライバシーに配慮しつつ、パソコンの使用状況のチェックをすること、違反した場合は懲戒処分を行うことについても明確にしましょう。

### ■ 社会環境や職場環境に応じて規定の見直しをする

本来、会社のパソコンは業務遂行のために使用するものです。また、従業員には雇用契約に基づく**職務専念義務**（2章2項「ココもおさえる」参照）があります。しかし、従業員の中には業務と関係のないホームページを閲覧したり、私的目的でメールの送受信をしたりする者もいます。

こうしたパソコンの不正使用の防止策として、就業規則にパソコンの使用上の遵守事項を規定しましょう（※1）。

### ■ パソコンをチェックする体制を明確にする

パソコンは会社が従業員に対して「貸与」するものです。これを管理・確認する体制がなければ、会社が私的使用を容認していると思われかねません。したがって、あらかじめ就業規則に**「会社が必要と認めた場合は検査を行う」**旨を規定しておきましょう。

ただし、パソコンの使用履歴やメールの送受信履歴のチェックはプライバシー侵害の問題に発展しかねませんので、慎重な対応が必要です。

---

**CHECK**

※1 最近は、会社のパソコンで個人のホームページ、ブログ、facebook、twitterを開設、運営するケースが目立っています。本人の故意、過失を問わず、それらの媒体を通じて、会社の機密情報や個人情報が漏えいされることも考えられます。会社としては、個人的なホームページやブログ、ＳＮＳの利用についても視野に入れて服務規律で規制すべきでしょう。

### 規定例

**第○条　パソコン使用上の遵守事項**

1. 従業員は、パソコンの使用について、次の各号を遵守しなければならない。ただし、会社の許可を得た場合はこのかぎりではない。
   (1) 業務以外の目的で利用しないこと
   (2) 私的な目的で電子メールの送受信をしないこと
   (3) 業務に無関係なホームページを閲覧しないこと
   (4) パソコンを社外に持ち出さないこと
   (5) 会社のパソコン及びソフトウェアを改ざんしないこと
   (6) インターネット上からソフトウェアをダウンロードやインストールしないこと
   (7) 会社の秘密事項（個人情報、顧客情報を含む）を、フロッピーディスク、CD、DVD、メモリカードなどの記録媒体にコピーしたり、インターネット回線を利用して社外に持ち出したりしないこと
   (8) インターネット上（電子メール、ブログ、ツイッターなど）に、会社及び会社の役員、従業員、または顧客、関係取引先を誹謗中傷するような事項、会社の秘密事項（個人情報、顧客情報を含む）を察知されるような事項、会社及び会社の役員、従業員、または顧客、関係取引先の名誉を損なうような事項の書き込みをしないこと
2. 会社は、必要と認めた場合は、パソコン操作履歴やアクセスログ、電子メール送受信内容の確認など、サーバー上及びパソコン端末上、**データの検査を行う**ことがある。従業員はその命令に従わなければならない。
3. 本条に違反した従業員は、懲戒処分の対象とする。

---

**ココもおさえる　時代を反映した服務規律違反の事例**

勤務時間中に、会社のパソコンを私的利用して、株取引やＦＸなどの金融トレード等を行っている事例も見受けられます。こうした行為は、職務専念義務違反はもちろん、競業避止義務違反（会社の業務と同種の場合）、二重就労の禁止違反（就業規則に規定がある場合）にも該当することがあります。

# 7 「マイカー通勤」、管理によっては会社の責任問題に

マイカー通勤途上やマイカーの業務使用時の事故について、会社の責任を問われることがあります。

## トラブル回避のポイント

- マイカー通勤やマイカーの業務使用における会社のリスクや、事故が発生した場合の会社の責任を理解しましょう。
- マイカー通勤を会社の許可制とし、保険加入を絶対条件とするルールを明確にしましょう。

### 根拠法令等
民法第715条(使用者等の責任)

### 根拠法令等
※1 自動車損害賠償保障法第3条
自己のために自動車を運行の用に供する者は、その運行によって他人の生命または身体を害したときは、これによって生じた損害を賠償する責に任ずる。

### CHECK
※2 従業員が「飲酒運転」による事故を起こしてしまうと、社有車、マイカーを問わず、場合によっては会社も使用者責任を問われ、連帯して賠償責任に服することが考えられます。会社の社会的信用にも大きな影響を与えますので、日頃から飲酒運転の厳禁を徹底させましょう。

## ■ マイカー通勤のルールを徹底する

特にルールを決めず、従業員のマイカー(私有車)通勤が慣行となっている会社もあるかもしれません。しかし、いざ事故が起きたときに確認すると、任意保険に未加入だったり、保険の更新を怠っていたりといったトラブルが後を絶ちません。後述しますが、**会社責任に発展する場合もあるので、事前に「マイカー通勤許可申請書兼誓約書」を提出してもらいましょう**。さらに、許可するに際し、任意保険の加入内容のチェックをはじめとした許可基準を明確にしてルール化すべきです。

## ■ 事故が発生した場合の会社責任

### ①マイカーを通勤のみに使用していた場合

会社が運行供用者として、あるいは使用者として損害賠償責任を負うことは、原則としては考えられません。しかし、**通勤途上に顧客先に立ち寄るなど業務性を帯びる場合**は、会社も責任を負わなければならないこともあります。

### ②マイカーを通勤のみならず業務にも使用していた場合

会社に運行供用者責任あるいは使用者責任が生じる余地があります（※1）。しかし、会社がマイカーの使用を禁止していたにもかかわらず、従業員が無断で使用して事故を起こした場合、会社の使用者責任がないとした裁判事例もあります。

　会社に損害賠償責任があるか否かは、①**日頃から**マイカーを会社の業務に使用していたか否か、②その事故が通勤、業務中、私用のうち、**いつ発生**したのか、③会社がマイカーの使用を**明確に禁止**していたか否か、④会社がマイカーの使用を禁止しても**放任または黙認**していたか否か、などの諸事情を考慮して判断されます（※2）。

### 規定例

**第○条　マイカー使用上の遵守事項**

1. マイカー（二輪自動車を含む、以下同じ）で通勤を希望する者（またはマイカーの業務上使用を希望する者）は、「**マイカー通勤（マイカー業務上使用）許可申請書兼誓約書**」により、原則としてあらかじめ会社の許可を受けなければならない。
2. 前項の申請をする者は、次の書類を添付しなければならない。
　（1）運転免許証の写し　（2）**任意保険書類の写し**　（3）自動車検査証の写し
3. 前項第2号に定める任意自動車保険に関しては、次の条件で加入しなければならない。
　（1）対人賠償　無制限　（2）対物賠償　無制限（または○○○○万円）
　（3）搭乗者賠償　1事故につき　　○○○○万円
4. **会社は運転者のマイカー通勤途上で発生した事故については一切責任を負わない**。また、駐車中に発生した破損、盗難等によるマイカーの損害についても同様とする。**損害に関しては運転者が加入する自賠責保険及び任意保険を適用する**。
5. 運転者の故意、または過失に起因する交通法規違反に対する罰金または科料は運転者本人が負担とする。
6. マイカー通勤者は、会社の許可がある場合を除き、マイカーを会社の業務のために使用してはならない。（マイカーの業務使用を禁止する場合に記載）

# 8 「二重就業」の禁止で会社の秩序を守る

従業員には「職業選択の自由」という権利があります。しかし、二重就業は職場秩序を乱しかねませんので、一定の制限を設けましょう。

### トラブル回避のポイント

- 憲法で定められている「職業選択の自由」を理解した上で、会社として一定の制限を検討しましょう。
- 二重就業は必ず事前の許可制とし、その許可条件をルール化しましょう。

### 根拠法令等

※1　憲法 第22条
何人も、公共の福祉に反しないかぎり、居住、移転及び職業選択の自由を有する。

### メモ

※2　参考文献：『労働法（第9版）』（菅野和夫著　弘文堂）

## ■ 二重就業に関する注意点

住宅ローンの返済や子供の教育費のため、会社からの賃金だけでは生活が厳しいなどの理由で、勤務時間外にアルバイトや副業をしたりするケースが増えています。

こうした二重就業者の対策には難しいポイントがあります。それは、たとえ就業規則に「**二重就業禁止**」の規定を設けたとしても、憲法で定められている「**職業選択の自由**」により、勤務時間外の活動まで会社が**一方的に制限することができない**という現状です（※1）。

ただし、二重就業が職場秩序や社会的信用など、会社に与える影響を考えると一定の範囲内に制限することは可能であると考えられます。

## ■ 二重就業を制限できる根拠とは

就業規則上における「二重就業禁止」の規定について、学説（※2）や判例は、一貫してその効力を"限定的"に捉えています。なぜなら、従業員が勤務時間外に何をするかは、従業員の私生活の領域の問題として、原則的に自由であるという認識があるからです。

学説や判例を基にして、二重就業の制限が可能と判断される理由（条件）をまとめると次のようになります。

① 従業員が勤務時間外に他の会社で就労することで、精神的・肉体的疲労の回復が妨げられ、完全な労務提供義務を果たすことができなくなったり、さらに健康障害を引き起こしたりすること
② 従業員が勤務時間外に他の会社で就労することで、勤務時間が重複する場合、職場の秩序維持が難しくなったり、会社の社会的信用を落としたりすること
③ 就業場所が同業・競業会社の場合に、重要情報が社外流出するおそれがある場合

■ **二重就業は許可制にする**

就業規則においては**二重就業を「原則禁止」**とし、**「希望者がいる場合はその都度、個々のケースに合わせて会社が判断を行う」**という**許可制**にしておくのがよいでしょう。さらに、一旦会社が許可した場合であっても、「業務に支障があると会社が判断した場合、許可を取り消すこともあり得る」旨を就業規則に規定しておきましょう。

📙 規定例

**第○条　二重就業の禁止**
1. 従業員は、会社の許可なく、会社に在籍したまま、他の会社に就職、または他の会社の役員に就任したり、あるいは自ら事業を営んではならない。
2. 従業員が二重就業を希望する場合は、**事前に二重就業に関する計画書、及び誓約書**、その他、必要書類を提出し**会社の許可**を得なければならない。
3. 会社は、前項の計画書、提出書類を勘案し、**会社利益、職場秩序、健康管理、完全な労務提供の可否等の視点から二重就業の適否を判断**する。
4. 会社が二重就業の許可を与えた場合であっても、その後、会社が二重就業許可の取消を決定した場合は、従業員は会社の決定に従い二重就業をただちに終了しなければならない。

# 9 「秘密保持」は情報化社会の最優先課題

情報化社会において、会社の秘密情報の流出は経営問題に直結します。情報管理を職場の最重要課題と位置付けましょう。

## トラブル回避のポイント

- まずは、会社の秘密情報とは何かを把握し、情報流出を防止する管理体制をつくりましょう。
- さらに、入社時、新プロジェクト推進時、退職時などに、秘密保持の誓約書を提出してもらうと有効です。

**根拠法令等**
行政指導（昭和50年2月17日 基発第83号、婦発第40号）

**CHECK**
※1 秘密保持のためには、会社の秘密情報や個人情報とはどのようなものであるか、また、該当する規定に反した場合は、民事上の措置（損害賠償等）を受けることになることを就業規則に明文化することが大事です。さらに、秘密保持誓約書を提出してもらうことで会社のリスクは少なくなります。

### ■ 会社の情報管理の実態

近年、会社の秘密情報や個人情報の漏えいが社会問題化するとともに、**流出防止のための管理体制の構築**が急務となっています。しかし、現実的には、どのような管理をしても完璧ということがないことも、秘密情報・個人情報の管理を行う上で理解し、対策を講じていくべきでしょう。

秘密情報・個人情報漏えい問題が起きたとき、その原因の多くが、**従業員の情報の取り扱い方に問題**があると言われています。そのために、**秘密情報・個人情報の管理に関する規定を整え、従業員に対し啓発を繰り返していくこと**は、情報漏えいを防止するための有効な手段のひとつであると言えるでしょう（※1）。

### ■ より細やかな「個人情報管理」が求められている

特に慎重に扱うべきなのが個人情報です。個人情報の有用性に配慮しながら、個人の権利利益を保護することを目的として、平成17年4月1日より個人情報保護法が施行されています。

この法律における「個人情報」とは、生存する個人に関する情報で、その情報に含まれる氏名、生年月日その他の記述等により、特定の個人を識別することができるものを言います。

　**顧客情報だけでなく、自社の従業員に関する情報（採用募集時の履歴書、健康診断の結果なども含む）も「個人情報」に該当します**。法令で義務付けられているほど重要な事項であることを共通認識できるように、就業規則の中にも個人情報管理義務について定めておきましょう。

### 規定例

**第○条　秘密保持義務**
1. 従業員は、在職中、業務上において知り得た会社の秘密（顧客情報、取引先情報、営業情報、システム情報、人事管理情報など）を業務以外の目的で使用したり、他者に漏らしてはならない。**退職後も同様**とする。
2. 会社は、従業員の**入社時、役職及び役員就任時、重要プロジェクト担当者就任時、退職時**において秘密保持誓約書を求めることがある。従業員は正当な理由なくこれを拒むことはできないものとする。
3. 前項に定める秘密保持誓約書に違反して会社が損害を被った場合、懲戒処分の対象とするとともに本人に対してその**損害賠償**を求めることがある。また、**退職金の全部または一部の支給を留保し、支給済の場合は返金を求める**ことがある。

**第○条　個人情報管理義務**
1. 従業員は、在職中、顧客、関係取引先、その他会社の役員、従業員などの個人情報を正当な理由なく開示したり、他者に漏らしたりしてはならない。**退職後も同様**とする。
2. 前項に違反して会社が損害を被った場合、懲戒処分の対象とするとともに本人に対してその**損害賠償**を求めることがある。また、**退職金の全部または一部の支給を留保し、支給済の場合は返金を求める**ことがある。

> メモ
> ※2 就業規則は原則として在職中の従業員にのみ効力を有するものと考えられます。したがって、退職後においても秘密保持を厳守してもらいたい場合は、秘密保持誓約書（個別の合意書）を提出してもらう必要があります。

■ 情報漏えいを防止するために会社が行うべきこと

まずは、どのようなものが会社の秘密情報に該当するかを理解しておきましょう。

会社の秘密情報については、顧客情報、取引先情報、営業情報、システム情報、人事管理情報などがあげられます。

これらの秘密情報が**保護を受けるにふさわしいものかどうかを判断する根拠**として、次の3つの要件すべてを満たしていなければなりません。

---
（不正競争防止法第2条より）
①秘密として管理されている情報であること
②生産方法、販売方法その他の事業活動に有用な技術上または営業上の情報であること
③公然と知られていない情報であること

---

この3つの要点を満たす秘密情報に関して、会社はしっかり管理していることを規定しなければなりません。

さらに、①**入社時**、②**役職及び役員就任時**、③**重要プロジェクト担当者就任時**、④**退職時**など、節目となるべきときに「**秘密保持に関する誓約書**」を提出してもらうと有効です（※2）。

## ●秘密保持誓約書の例（重要プロジェクト就任時の例）

秘密保持誓約書

平成〇年〇月〇日

株式会社 □□
代表取締役 □□□□ 殿

　この度、私は、会社に新プロジェクトAを遂行するにあたり、秘密保持に関して、以下の事項を遵守することを誓約します。

1. 会社の就業規則及び秘密管理に関する事項を遵守し、次に示される会社の技術上または営業上の情報（以下「秘密情報」という）について、会社の許可なく、いかなる方法をもってしても、開示、漏えいもしくは使用しないことを約束致します。
   ①製品開発、製造及び販売における企画、技術資料、製造原価、価格決定等の情報
   ②財務、人事、労務管理等に関する情報
   ③他社との業務提携及び業務提供に関する情報
   ④上司または営業秘密等管理責任者により秘密情報として指定された情報
   ⑤上記の他、会社が特に秘密保持対象として指定した情報
2. 秘密情報について、その創出または得喪に関わった場合にはただちに会社に報告致します。また、私がその秘密の形成、創出に関わった場合であっても、業務上作成したものであることを確認し、当該秘密の帰属が会社にあることを確認致します。また当該秘密情報について私に帰属する一切の権利を会社に譲渡し、その権利が私に帰属する旨の主張を致しません。
3. 秘密情報については、在職中はもちろんのこと、会社を退職した後においても、私自身のため、あるいは第三者のために開示、漏えいもしくは使用しないことを約束致します。
4. 本誓約書に違反して、会社の秘密情報を開示、漏えいもしくは使用した場合、法的な責任を負うものであることを確認し、これにより会社が被った一切の損害を賠償することを約束致します。

住　所　〇〇〇〇〇〇〇
氏　名　〇〇〇〇　㊞

# 10 「競業禁止」で会社の競争力を維持する

競合他社への転職や同種の事業の立ち上げなどに対して一定の制限を課すことで、会社の競争力を維持しましょう。

### トラブル回避のポイント

- まずは、競業禁止の目的、そして競業禁止のための条件を理解しましょう。
- 競業禁止は、①就業規則に定めること、②退職時に誓約書を提出してもらうことで会社への不利益を防止しましょう。

**根拠法令等**

憲法第22条
何人も、公共の福祉に反しないかぎり、居住、移転及び職業選択の自由を有する

**CHECK**

※1 競業禁止義務を課したからといって、必ずしもその義務が守られるわけではありません。なぜなら、就業規則は原則として在職中の従業員にのみ効力を有するものと考えられているからです。さらに、憲法で「職業選択の自由」が保障されています。

■ 競業禁止の目的

　近年、**転職に対する抵抗感が薄くなり、これまでの経験や知識を活かしてより好条件の職場を求める従業員や、新たに事業を開始する従業員が増加**しています。新たに従業員を雇い入れる会社側にも他社で経験を積んだ即戦力となる者を中途採用したいという意向があるようです。

　しかし、退職者が在籍していた会社の機密やノウハウを同業他社等の外部に漏えいさせたことにより会社が多大な損害を受けるケースも増加しています。そのために、退職者による会社機密やノウハウの漏えいを防ぐ目的で、競業禁止義務を課すことが重要になってきました（※1）。

■ 競業禁止のための条件

　競業禁止義務に反しているかどうかの判断は、個々のケースごとに判断されます。しかし、在職中、退職後を問わず、少なくとも就業規則に規定がなければ、競業禁止義務を負わせることはできないと考えるべきでしょう。

　競業禁止を課し、その定めが有効と判断されるためには一定の要件が必要であり、過去の判例によると次のような

項目があげられます。
① 競業禁止の期間や職種、地域、対象者の地位が合理的な範囲に限定されていること
② 会社の利益（会社機密やノウハウの保護）と退職従業員の不利益（転職の不自由）のバランスが保てること
③ 競業禁止を課す代わりに一定の代替措置（例えば競業禁止に対する代償として、会社が退職者に対して手当を支払う等）がとられていること

### 規定例

**第○条　競業禁止義務**
1. 従業員は、在職中、原則として、競業行為を行ったり、競業他社の役員に就任、または従業員として就労したりしてはならない。
2. 役職者、及び重要プロジェクトに参画した経験を持つ従業員は、**退職後○年間**、会社の書面による承諾がなければ、**同一業種、同一職種、同一地域**において競業行為を行ったり、競業他社の役員に就任、または従業員として就労したりしてはならない。
3. 会社が必要と認めたときは、従業員に対して**「競業禁止に関する誓約書」**の提出を求めることがある。従業員は正当な理由なくこれを拒むことはできないものとする。
4. 前項の誓約書に違反して会社が損害を被った場合、懲戒処分の対象とするとともに本人に対してその**損害賠償**を求めることがある。また、**退職金の全部または一部の支給を留保し、支給済の場合は返金を求める**ことがある。

### ココもおさえる　退職後の競業禁止に関する誓約書

退職後の競業禁止に関する誓約書には、
① 競業禁止の期間　② 職種　③ 対象地域　④ 代替措置　⑤ 誓約に違反した場合は損害賠償の対象となること
などを記載しましょう。

# 11 "もしも"のための「損害賠償」の定め方

従業員が会社に損害を与えた場合は、その程度によっては当事者に対して損害賠償を請求することもあり得ます。

## トラブル回避のポイント

- あらかじめ、損害賠償の金額を定めておくことはできません。
- 損害額の全額を従業員に賠償させることは難しいと認識しておきましょう。

**根拠法令等**
労働基準法第16条、第24条

**メモ**
※1 判例によると、損害賠償請求については、損害の公平な分担という見地から、信義則上相当と認められる限度に制限されています。

### ■ あらかじめ、損害賠償額は決められない

従業員の故意または重大な過失により会社が不利益を被った場合の違約金をあらかじめ定めたり、または損害賠償額を予定したりしてはいけないと法令で定められています。

これは、一律に損害賠償額を定めることを禁止する法律です。つまり、損害の規模にかかわらず、**一律に損害賠償額を決定するのは違法**ということです。

しかし、会社が実際に被った損害に応じた実損額を請求することは問題ありません。

### ■ 損害賠償の範囲

従業員に故意または重大な過失があれば、その従業員に対して「会社が被った損害の全部または一部」の「損害賠償」を請求することは可能です。さらに、就業規則に損害賠償について規定しておくことで、それが損害賠償請求の根拠になります。

ただし、従業員の不注意により損害が発生した場合であっても、「**業務中**」であれば「**会社の管理下**」においてのことですから、**損害額の全部を従業員に賠償させるのは、難しい**のが実態です。

実務上は、従事する業務内容や、会社の規模、不注意の程度、ミスの頻度など、個々のケースで事情に応じて損害賠償請求するのが一般的です。さらに、会社側の管理体制（従業員に対する教育や業務命令の周知徹底の度合いなど）や従業員の労働条件を含めた作業環境（長時間労働、作業場の劣悪さなど）などが損害賠償請求を行う場合の考慮要素と考えられます（※1）。

なお、**損害賠償請求と懲戒処分はそれぞれまったく別のもの**ですので、損害賠償をしたからといって懲戒処分を免れることができない旨も就業規則に規定しておくとよいでしょう。

### ■ 賃金から損害賠償の天引きは可能？

原則として、会社が一方的に損害賠償を毎月支払われる賃金から天引きすること（損害賠償請求権と賃金債権の相殺）は認められません。

賃金は、通貨で、直接従業員に、その全額を支払わなければならないと法令で定められています。したがって、会社が従業員に対して有する債権（損害賠償請求権）を一方的に従業員の賃金から天引きすることも禁ずるものと理解できます。

しかし、従業員の同意を得て天引きすることは、その同意が従業員の自由な意思に基づくものであれば問題はないとする判例もあります。

「**単なる口約束の場合も含め、原則として会社が損害賠償請求権と賃金債権を相殺することは認められない**」「**書面で天引きを認める旨の同意がある場合は賃金から控除することも可能**」という点をおさえておきましょう。

#### 📕 規定例

**第○条　損害賠償**
1. 従業員が、**故意または重大な過失**によって会社が損害を被った場合、損害の全部または一部の賠償を求めることがある。また、身元保証人に対しても連帯責任者として求償することがある。
2. 前項の定めにかかわらず、**損害賠償を行ったことによって懲戒処分を免れることはできない**ものとする。

# 4章 労働時間

1. 「労働時間」のルールを覚える
2. 時間外労働には「36協定」の届出が必要
3. 「始業時刻」と「終業時刻」をきちんと設定する
4. 「休憩時間」について法令で定められた3つの原則
5. 「残業の仕方」を整備することが残業代削減への第一歩
6. 「働き方・働く時刻」を「変更」する場合の手続き
7. 導入しやすい「1ヵ月単位の変形労働時間制」
8. 長期間にわたる調整が可能な「1年単位の変形労働時間制」
9. 自由度の高さが魅力の「フレックスタイム制」
10. 外回り担当者に検討したい「事業場外のみなし労働時間制」
11. 対象職種が限定的な「専門業務型裁量労働制」
12. 「管理監督者」の特別な労働条件

# 1 「労働時間」のルールを覚える

まずは、法令で決められている「原則」と「例外」をチェックしましょう。
変形労働時間制を利用する場合にも、このルールの理解は非常に大切です。

### トラブル回避のポイント

- 「法定労働時間」の範囲内で、自社の「所定労働時間」を定めておきましょう。
- 就業規則に記載がある労働時間「以外」の従業員がいる場合には、必ず個別の「雇用契約書」でその「労働時間」を定めておきましょう。

**根拠法令等**
労働基準法第32条、労働基準法施行規則第25条の2

**CHECK**
※1 所定労働時間は、法定労働時間を超えて定めることができません。

**重要**
※2 変形労働時間制は法定労働時間の原則を動かすことになるので、「実施のための準備」や「限度時間の制限」などの条件を満たした上で実施する必要があります(就業規則での定めや労使協定の締結など)。

## ■ 労働時間とは

労働基準法上の「労働時間」とは、休憩時間を除いた実労働時間のことを指します。「会社の業務指揮命令下にある時間」はもちろんのこと、電話番や店番といった「手待ち時間」も労働時間に含まれます。

## ■ 法定労働時間とは

### ①原則の法定労働時間

労働基準法には労働時間の"限度"について、**原則として、1週につき「40時間」以内、かつ、1日につき「8時間」以内**、と定められています。この労働時間のことを「法定労働時間」と言います。この法律で決められた「法定労働時間」に対して、会社が就業規則や個々の雇用契約書で決めた労働時間を「所定労働時間」と言います(※1)。

法定労働時間の原則は、どの日も8時間以内、どの週も40時間以内ですが、**「変形労働時間制」などの特殊な制度を利用することで、この原則を法律の範囲内で変更することができます**(※2)。

②**法定労働時間の特例**

10人未満で特例事業に該当する業種（下記表参照）の事業場については、「週」の労働時間の上限が40時間ではなく、44時間になります。これらの業種でも「1日」の法定労働時間が8時間までであることは変わりません。

| 業　種 | 該当するもの |
|---|---|
| 商　業 | 卸売業、小売業、理美容業、倉庫業、駐車場業、不動産管理業、出版業（印刷部門を除く）、その他の商業 |
| 映画・演劇業 | 映画の映写、演劇、その他興業の事業（映画製作・ビデオ製作の事業を除く） |
| 保健衛生業 | 病院、診療所、保育園、老人ホーム等の社会福祉施設、浴場業（個室付き浴場業を除く）、その他の保健衛生業 |
| 接客娯楽業 | 旅館、飲食店、ゴルフ場、公園・遊園地、その他の接客娯楽業 |

なお、本章で紹介する「変形労働時間制」の中には、この「週44時間上限の特例」を利用「できる」ものと「できない」ものがあります。

|できる| 1ヵ月単位の変形労働時間制、フレックスタイム制
|できない| 1年単位の変形労働時間制、1週間単位の非定型的変形労働時間制
→これらの制度の場合、上限は「週40時間」になります。

📕**規定例**

**第○条　勤務時間**
会社の所定労働時間は、**1日につき**○○**分の休憩時間を除き**○**時間**○○**分、1週につき**○○**時間**○○**分とする**。1週間の起算日は○曜日とする。

👉**ココもおさえる**　**1週・1日の考え方**

- 「1週（1週間）」の起算日については、「1週間を何曜日からのスタートとする」ということを就業規則の中で決めておきましょう。
- 「1日」とは原則として、「0時から24時まで」の、いわゆる「暦日」を指します。この考え方はいろいろな部分に共通する大切な基準となりますので、しっかりおさえておきましょう。
- 勤務が2暦日をまたぐ「継続勤務」の場合、たとえ異なる暦日の勤務であっても「1勤務」とみなされます。つまり、始業時刻が含まれる日の「1日の労働」（所定労働時間を超える場合は残業）となります。

# 2 時間外労働には「36協定」の届出が必要

「36（サブロク）協定」とは何でしょう。これを労働基準監督署に届け出ていないと、従業員に残業や休日出勤をさせることができません。

## トラブル回避のポイント

- 会社と従業員代表の書面による約束事を「労使協定」と言います。「36協定」はこの労使協定のひとつで、労働基準監督署への「届出」が必須です。
- 従業員に残業や休日出勤をさせることができるように明記しましょう。

**根拠法令等**
労働基準法第36条

**重要**
※1 36協定を「締結」しただけでは従業員に法定時間を超える残業をさせることはできません。

**メモ**
※2 36協定が有効になるのは協定締結日でなく、あくまでも「届出日（労働基準監督署が受け付けた日）」以降です。有効期間が始まる前に忘れずに届出を。

**CHECK**
※3 投票や挙手、同意者の署名などによって過半数従業員から選任されていること。

### ■ 36協定とは従業員

36（サブロク）協定とは、**「時間外労働及び休日労働に関する労使協定」**のことで、労働基準法「第36条」で定められていることからこう呼ばれています。本来、労働基準法では、法定労働時間（1週40時間または1日8時間）を超える労働や法定の休日（毎週1回または4週間に4日）の労働を認めていませんが、その例外として、36協定の「締結・届出」により、協定で定めた範囲内で時間外労働や休日労働を認めているのです（※1）。

**従業員が1人でもいる場合には、36協定を監督署に提出しておきましょう。**なお、有効期間は最長で「1年間」なので忘れないように"毎年"労働基準監督署に提出しましょう（※2）。

また、36協定があるとはいえ、無制限に残業が可能になるわけではありません。下記の「限度時間」の範囲内で延長する時間を定めなくてはなりません。

### ●36協定の限度時間

| 期間 | 1週 | 2週 | 4週 | 1ヵ月 | 2ヵ月 | 3ヵ月 | 1年間 |
|---|---|---|---|---|---|---|---|
| 限度時間 | 15h | 27h | 43h | 45h | 81h | 120h | 360h |

## ■ 36協定「締結する者」と「定める項目」

　36協定を締結するのは「会社」と従業員の過半数が認めた「従業員代表者」です（※3）。会社側がこの従業員代表を指名することはできません。

　36協定で定める項目は下記のとおりです。

① 時間外または休日の労働をさせる必要のある具体的事由
② 業務の種類
③ 従業員の数
④ 1日及び1日を超える一定の期間についての延長することができる時間または労働させることができる休日
⑤ 有効期間について

　なお、36協定は就業規則と違い、労働条件や労働義務を定めたものではありません。36協定そのものには時間外労働や休日労働をすることが"可能になる"効力（免罰効果）があるだけで、それを従業員に業務命令として行わせる"拘束力"はないのです。したがって「業務」として行わせることができるように、「就業規則」の中で定めをすることが必要になります。

### 規定例

**第○条　時間外勤務及び休日勤務**
業務上特に必要がある場合（災害その他避けることのできない事由により臨時の必要がある場合を含む）は、**第○条の所定労働時間を超えて、または第○条の所定休日に労働させることがある**。この場合、法定の労働時間を超える労働、または法定の休日における労働については、あらかじめ会社は従業員の代表と書面による協定を締結し、これを所轄の労働基準監督署長に届け出るものとする。

### ココもおさえる　特別条項付き36協定

　一定時期、臨時的な理由にかぎり「限度時間」を超えた協定を結ぶことができます。これを「特別条項付き36協定」と言います。定める事項は、①原則の限度時間、②限度時間を超える理由、③労使の手続き方法、④限度時間を超える一定の時間、⑤回数、⑥限度時間を超える部分の割増率です。

# 3 「始業時刻」と「終業時刻」をきちんと設定する

仕事の時間になる、ならない？　いつからが「始業時刻」？　着替え時間、清掃時間、朝礼・ミーティング時間は労働時間？　きちんと整理しておきましょう。

### トラブル回避のポイント

- 始業時刻の捉え方を統一しましょう。出社時刻、掃除、朝礼などと「始業時刻」の関係をルール化することで、「認識の違い」をなくすことができます。
- 従業員の種類、職種やシフトによって始業・終業の時刻が異なる場合には、それぞれの始業時刻・終業時刻を記載しておきましょう。

**根拠法令等**
労働基準法第89条第1項

**メモ**
※1　最高裁判例：平成12年三菱重工事件
「制服着用が会社で定められている場合、その着替えを行う行為も会社の指揮命令下にあると考えられるので、労働時間に該当する」

**メモ**
※2　最高裁判例：昭和59年日野自動車事件
「(作業場までの移動時間や着替えにかかる時間などを)労働時間に含めるべきか否かは、就業規則や職場慣行等によってこれを決するのが相当であると考えられる」

■ **始業時刻と出社時刻を区別する**

「始業時刻」と「出社時刻」の違いは必ず明確にしておきましょう。**出社時刻は「会社に来た時刻」**です。一方、**始業時刻は「労働提供義務の開始時刻」**ということですから、「労働できる状態」になっていなくてはいけません。つまり、会社に来た時刻とは必ずしも同じではありません。

「労働提供義務の開始時刻」つまり「始業時刻」に業務を始められるように、その約束をしっかり就業規則に記載しておきましょう。

「**終業時刻**」は「労働提供義務の終了時刻」、「**退社時刻**」は「会社を出る時刻」となり、同じ考え方です。

■ **「着替えの時間」は労働時間か**

制服などに着替える時間は労働時間になるのでしょうか？　この点については、「制服の着用が強制か任意（自主的行為）か」、その違いによって労働時間に含めるか否かが変わってくるという考え方が基本です（※1）。

準備、清掃、朝礼（終礼）、点呼等についても同様です。

ただし、これはあくまでも基本的な考え方です。「就業規則で始業時刻の起算点がしっかり定義」されている場合には、それが大きな判断基準になります（※2）。始業時刻や終業時刻に関するトラブルは「そんな話は聞いていない」という"認識の違い"が原因となっているケースが非常に多いのです。始業・終業の定義を就業規則に明記して事前に従業員と認識を共有しておけば、この点でのトラブルを回避することができます。

職種やシフトにより始業時刻・終業時刻が異なる場合にはそれぞれ明記しておきましょう。

また、パートタイマーやアルバイトなど、ここに記載がない始業時刻・終業時刻が発生する場合に備えて「上記以外の者については個別の雇用契約書にて定める」旨も記載しておくと万全です。

### 規定例

**第○条　始業時刻・終業時刻**
始業・終業の時刻は、次のとおりとする。
なお、**始業時刻には着替えを完了し、所定の場所で業務を開始**すること。
　　事務職　始業時刻：午前○：○○、終業時刻：午後○：○○
　　営業職　始業時刻：午前△：△△、終業時刻：午後△：△△
始業時刻・終業時刻が上記以外の者については個別の雇用契約書にて定める。

### ココもおさえる　朝礼やミーティングの時間

- 就業規則に書いてあればなんでも労働時間になるというわけではありません。「朝礼やミーティング」などの場合には、それ自体に「業務の一環である」という意味合いが強く、「参加は実質的な業務指示」であると考えられます。「始業時刻前のミーティングは労働時間に含まない」と就業規則に定めをしていても、この時間は労働時間にあたると考えられます。
- 社内に「始業時刻の15分前に毎日朝礼を行うので必ず参加すること」「参加しないと不利益な処分が生じる」という暗黙のルールがある場合にも、この時間は労働時間であると考えられます。

**4章　労働時間**

## 4 「休憩時間」について法令で定められた3つの原則

法令で定められた休憩時間のルールを踏まえて「自社の休憩時間のルール」を明確にしましょう。必要であれば、労使協定の締結をしましょう。

### トラブル回避のポイント

- 休憩時間は就業規則に必ず記載しなくてはならない事項です。原則を踏まえて、必要であれば労使協定の締結をしっかりしておきましょう。
- 工場や商業施設などの館内業務について、休憩時間の外出を「届出制」にする場合は、そのルールをあらかじめ規定・説明しておきましょう。

### 根拠法令等
労働基準法第34条

### メモ
※1 飛行機や電車、バス、船等の乗務員で長距離の継続乗務をする場合は例外的に認められています。

### メモ
※2 児童施設で"児童と起居をともにする職員"については適用除外となります。「児童自立支援施設」の場合は自動的に、それ以外の児童施設の場合には事前に労働基準監督署の許可を得ることが条件となります。

### ■ 休憩時間の長さ

休憩時間の長さは、法律で定められています。

| 労働時間6時間超 | 休憩時間は少なくとも45分 |
| 労働時間8時間超 | 休憩時間は少なくとも1時間 |

「少なくとも」と言っているわけですから、これ以上に休憩時間を長くすることは会社の自由です。逆に言えば、従業員や会社の意向にかかわらず、これより休憩時間が短い（または休憩がない）のは法令違反になります。

### ■ 休憩時間の3原則

休憩時間には次の3つの原則があります。

#### ①途中付与の原則

休憩は「労働時間の途中に」与えるのが原則です。勤務時間の最初や最後に休憩を与えることはできません。例えば、午前9時～午後6時勤務・休憩1時間（実働8時間）の従業員が「休憩なしで、一気に8時間働いて午後5時に帰りたいのですが」と言ってきても、会社はその要求を認める必要はありませんし、そういう就業をさせることはできませ

ん（※1）。「途中」であれば、一括で与えても分割で与えてもかまいません。

②**一斉付与の原則**

休憩は「事業場みんなで一斉に」与えるのが原則ですが、例外もあります。

例外1 次の業種は一斉付与の原則が適用されません。

運送業（旅客または貨物）、商業、金融・広告業、映画・演劇業、郵便・信書便・電気通信業、保健衛生業、接客娯楽業、官公署の事業

例外2 上記以外の業種の場合、**「労使協定を締結すること」**で適用除外されます。なお、この労使協定については労働基準監督署への届出をする必要はありませんが、自社でしっかり締結し、書類を保管しておきましょう。

③**自由利用の原則**

会社は休憩時間中の従業員に対して「労働から完全に解放し、自由に利用」させなくてはいけません（※2）。商業施設等にて、休憩時間に従業員が在館しているかどうかの確認が必要である場合には、会社からの外出についてルール決め（「申請書を提出する」など）をしておきましょう。

### 規定例

**第○条　休憩**
1. 休憩時間は○時○分から○時○分の1時間とする。
2. 従業員は、休憩時間を自由に利用することができる。
3. ただし、**社外に外出をする場合には、所属長にその用件及び予定外出時間を記載した申請書を提出しなければならない。**（商業施設等、休憩時間についても在館管理が必要な場合は本項を追加記載）

### ココもおさえる　休憩時の電話番をどう考えるか

「お昼の電話番」について、会社の指示で明確に「当番」が決まっている場合、「労働から解放されていない」ので、(仮に電話が一度も鳴らなかったとしても) 当番をした時間は「労働した」ことになります。別途休憩時間が必要です。「実際に電話で話(対応)をした時間」だけが労働時間になるわけではありませんので注意しましょう。

## 5 「残業の仕方」を整備することが残業代削減への第一歩

「残業するか、しないか」の判断をする人や判断基準をはっきりさせましょう。残業が多い従業員への対処法も準備しておかないと残業は減りません。

### トラブル回避のポイント

- 時間外勤務・休日勤務は「会社の指示（命令）」、つまり、業務命令なので、原則的には拒否できないことを明記しておきましょう。
- 従業員からの意思による残業は「申請」「承認」により行いましょう。残業が必要な部分が明確になり、業務改善につなげることもできます。

**根拠法令等**
労働基準法第36条

**CHECK**
※1 法令で割増賃金の支払いが必要とされているのは、あくまでも"法定"労働時間を超えて」または"法定"休日に」勤務させた場合のみです。

**CHECK**
※2 こうした残業は「サービス残業」とも呼ばれています。近年、サービス残業に対する「未払い賃金請求」が増えており、ルールに沿った管理が必要とされています。

### ■ 残業するかどうか、決めるのは「会社」

法定時間以上の残業（または休日労働）をした従業員には「割増賃金」の支払いをしなくてはいけません（※1）。では、「残業をするかどうか」を決めるのは、一体誰なのでしょうか。一口に残業といっても、やむを得ない場合もあれば、意識的に仕事のペースを落としてわざと残業する「ダラダラ残業」という場合もあります。「残って仕事をしていればすべて残業」になるのでしょうか？

本来、雇用契約（または就業規則）で**定められた時間を超えて労務を提供するべきかどうかは、その業務の進行状況に応じて「会社が」判断するべきものです。**

しかし、実際には完全に「残業は個人任せ」になっているケースが多く見られます。また、ただ「会社側が決める」と定めてしまうのも考えものです。"すべての従業員の進捗状況"を一斉に所属長が確認するのは困難です。そこで、**残業を必要とする従業員には（原則）事前に「残業申請」をさせ、その状況を所属長が確認した上で「承認」して残業をさせるというルールを決めておきましょう。**

「申請」させることで残業の必要性を明確にし、「承認」制にすることで自己の判断で残業をさせない、ダラダラ残業の防止にも効果があります。

また、この申請の状況から従業員ごとの業務量のバランスや進捗スピードの確認につなげることで、会社の作業効率の見直しを行うこともできます。

■ 申請せず、無断で残業をした場合の対応

従業員が無断で残業をした場合には「残業時間にカウントしない」ことを就業規則に明記しておきましょう。ただし、「目の前で申請せずに従業員が残業しているのを所属長が"黙認"している場合」「実態として残業することが"暗黙の了解"になっている場合」等は残業時間とみなされます（※2）。

緊急で事前申請が難しい特別な場合であっても、事後申請は必ずさせ、その残業業務内容をチェックできるようにしておきましょう。

### 規定例

**第○条　時間外勤務・休日勤務の仕方**
1. 会社は業務上必要がある場合、従業員を**所定労働時間外や所定休日に勤務を命じる**ことがある。時間外勤務及び休日勤務を命ぜられた従業員は、**正当な理由なくこれを拒むことはできない**。
2. 会社が命じた場合を除く時間外勤務・休日勤務を必要とする従業員は、緊急の場合を除き、事前に所属長までその旨を申請し、承認を得なくてはならない。所属長（会社）に**申請をせず、または承認を得ず、自己の判断で時間外勤務や休日勤務を行った場合、その時間については時間外労働・休日労働をしたものと認めず、割増分を含む賃金も支給しない**。

### ココもおさえる　パートタイマーの割増賃金

就業規則に「所定労働時間を超えて就業した場合は割増賃金を支払う」と定めている場合には、パートタイマーが契約時間を超えて残業したら、「たとえ法定労働時間を超えていなくても割増賃金を支払う」という意味になります。「法定」と「所定」の違いに注意しましょう（本章1項参照）。

# 6 「働き方・働く時刻」を「変更」する場合の手続き

働き方・働く時刻を会社が変えるとき、従業員が変えるとき、それぞれのルールを決めておくことがポイントです。

### トラブル回避のポイント

● 欠勤や遅刻・早退の取り扱い、勤務時間の変更、出張の取り扱いなどについては労働基準法に定めがありません。ですから、「就業規則での定め」が非常に重要になってきます。就業規則に定めておくことで、いざというときに取り扱いの根拠になるのです。

**根拠法令等**
労働基準法第89条第10号

**メモ**
※1 例えば、「人事担当者が夕方から入社希望者の面接があり、終業時刻が2時間遅くなる」ことがあらかじめわかっている場合、その日の始業・終業時刻を2時間遅く(変更)することで、会社は時間外労働を発生させずに人事担当者に面接の対応をさせることが可能になります。

## ■ 働き方の原則と例外を定める

所定労働日は「労働の義務がある日」なので、本来従業員は「就業場所」に「出勤」して「始業時刻」に業務を開始することが基本になります。しかし、ときには例外(イレギュラー)も出てきます。このイレギュラーの規定を明確にしておくこととその対応方法がポイントになります。

## ■ 従業員側・会社側から発生するイレギュラー

従業員側から発生するイレギュラーとして考えられるのが欠勤や遅刻・早退です。「そういうときは必ず会社に連絡してくる"はず"」と思われるかもしれませんが、「こうしなければいけない」と具体的に明記しておくことで、その連絡を「義務付け=約束事」とすることができます。

一方、会社側から発生するイレギュラーとしては時差出勤や出張などが考えられます。「そんな話は聞いていません」ということがないように、あらかじめルールを決めておきましょう。「状況はイレギュラーだが、働き方としては就業規則のルールのとおり」となり、お互いに納得の上、

スムーズに対応することができます。

### ■ 欠勤時の申請方法・診断書の提出

「欠勤時」の対応は明確にしておきましょう。当日の体調不良による欠勤は電話連絡によるケースがほとんどですので、事前に届出（書類）を出すことはほぼ不可能です。このような場合には**「事前の電話連絡」「事後の届出」**をセットで規定しておくと従業員にもわかりやすくなります。「遅刻時」の対応についても同様です。

欠勤が長期に及んだ場合を想定して「医師の診断書の提出」をしてもらうことも規定しておきましょう。「診断書は出してもらったほうがいい」となんとなくは思っていても、"どのくらいの期間の欠勤について診断書を提出してもらうのか"はあやふやになりがちです。いざそのときになってからでは、なかなかこの判断はできません。ここも「事前に」対象となる欠勤期間を決めておきましょう（3章3項参照）。

### ■ 勤務時間の変更に関する取り扱い

**勤務時間等の変更に関するルールは必ず就業規則で定めておきましょう。**個別の雇用契約書によほど細かく記載がされていない限り、この条文があることではじめて、契約時間以外での「勤務時間の変更」を会社の意志で指示することができます。時差出勤を定期的に行う場合はもちろん、基本的には行わないという会社であってもイレギュラー時に備えて条文を作成しましょう（※1）。

### ■ 1日出張だった日の労働時間は何時間？

「出張」についても、毎日あるものではないのでイレギュラーな出勤形態と言えます。出張時は、会社としてその実労働時間を把握することが非常に困難な場合が多いものです。そこで、出張した場合には**「所定労働時間勤務したものとみなす」**というルール決めをしておきましょう。こうしておくことで、出張時の取り扱いが従業員にもわかりやすくなります。

ただし、業務内容や会社の指示等により、「その業務を遂行するためには明らかに所定労働時間を超えてしまう」という場合には、実際に業務を遂行した時間を労働時間としなくてはなりません。

### ■ 出張時の「移動時間」の取り扱い

出張について、もうひとつ従業員との間で勘違いが起こりやすいのが、「出張したときの"往復時間（移動時間）"は労働時間になるのではないか？」という点もあります（※2）。

**原則として出張時の往復の移動時間は労働時間にはなりません。**出張先での業務のためにその時間「拘束」されていることには違いありませんが、あくまでも「移動」時間であり、労働しているわけではないからです。

ただし、「移動自体が業務性を持つ＝移動時間についても業務指示が出ている」場合には、この移動中の時間も労働時間になります。移動の目的自体が「物品の搬送」の場合や、移動中に何らかの「監視業務」を行うような場合です。こうした認識の違いが起こらないように、条文を追加しておくとよいでしょう。

### ■ 変形労働時間制とは

毎週月曜日が忙しい、月末が忙しい、年末年始が忙しい……など、会社によって、繁閑の時期は異なります。様々な業種・職種が存在する現代においてはこうしたケースは非常に多いでしょう。しかし、法定労働時間の原則は1日8時間、1週40時間です。この「法定労働時間」という点から考えると、「日により、週により、月により、季節により」労働時間を変えたい、という考え方はイレギュラー

> **メモ ▶**
> ※2 労災保険では、"出張時の往復移動中"にケガをした場合でも「通勤災害」ではなく「業務中の災害」と判断されます。この労災保険における判断方法の話と、"出張移動時を労働時間として捉えるか"という話とを混同しないようにしましょう。

だということになってしまいます。

そこで「忙しいときと余裕があるときで労働時間をうまくやりくりして、期間の平均が結果的に1週40時間におさまっていればよい」という制度が法律で認められています。これが**変形労働時間制**です。

変形労働時間制には「1ヵ月単位の変形労働時間制」「1年単位の変形労働時間制」「1週間単位の変形労働時間制」「フレックスタイム制」などいくつかの種類があります。また、労働時間のイレギュラーな管理制度として、業種や職種によって特殊な労働時間管理をする「事業場外みなし労働時間制」（本章10項）や「専門業務型裁量労働制」（本章11項）などの制度も存在します。

これらの制度は、法定労働時間に対するイレギュラーなので、導入するにはそれぞれいくつかの条件があります。この**条件を満たしていない場合、変形労働時間制等の扱いが認められず、通常の割増賃金が発生してしまいます**。それぞれの制度の特徴や導入条件については次項から個別に確認していきましょう。

### 📘規定例

**第○条　勤務時間等の変更**
**勤務時間、始業時刻・終業時刻・休憩時間、休日について、会社の業務の都合により変更することがある**。ただし、この場合において原則として所定労働時間の範囲を超えることはない。

**第○条　出張**
1. 会社は業務上必要がある場合は、従業員に対し出張を命ずる。
2. 出張その他業務上の必要から、社外で勤務する場合で勤務時間を算定しがたいときは、**所定の労働時間を勤務したものとみなす**。
3. 出張時の往復の移動時間については、物品の搬送や監視業務など**移動中の業務指示を受けている場合は労働時間**とし、それ以外の場合には労働時間として扱わない。

# 7 導入しやすい「1ヵ月単位の変形労働時間制」

月の中で忙しい日が決まっていたり、月間シフト表を組んだりする場合に効果的です。労使協定がなくても就業規則の定めで利用できるのが特徴です。

### トラブル回避のポイント

- 変形労働時間制の対象者を限定する場合には、その職種（部署）など、誰が対象になるのかを記載しましょう。

**根拠法令等**
労働基準法第32条の2

**CHECK**
※1　労使協定または就業規則等に定める内容：
①対象従業員、②変形期間（1ヵ月以内）、③期間の起算日、④期間を平均し1週間あたりの労働時間が週法定労働時間を超えないこと、⑤変形期間における各日・各週の労働時間、⑥各労働日の始業・終業時刻

**CHECK**
※2　労働時間の特例（週44時間）が適用される事業場においては、そのまま「1週平均44時間」以内で労働時間を設定することができます。

### ■1ヵ月単位の変形労働時間制

「1ヵ月単位の変形労働時間制」は、変形労働時間制の中でも一番取り組みやすい制度であり、一言で言うと、「1ヵ月の中で繁閑にあわせて労働時間を調整し、期間を平均して法令の範囲（週40時間）におさまるようにする制度」です。

以下の3つの項目にあてはまるものがあるならば、この制度の導入を検討してみてはいかがでしょうか。
・1日の所定労働時間が法定の8時間よりも短い
・営業時間や工場作業などの関係で「シフト制」の業務
・月末など、「月」の中で忙しい日が決まっている部署

例えば、「1日8時間労働。毎月業務の関係で月末3日間はいつも3時間の残業。他の日は余裕がある」というケース。通常何もしないと、月末3日間に3時間ずつ、9時間分の割増賃金が発生してしまいます。しかし、月末以外の出勤日（9日分）の労働時間を1時間ずつ短くするなどの方法で（1ヵ月単位の変形労働時間制を利用することで）、月末9時間分の残業代を発生させないようにすることができます。対象者の範囲（部署）を限定して利用することも可能です。

■ 導入のポイント

1ヵ月単位の変形労働時間制を導入するためには、就業規則または労使協定での定めをしておく必要があります（※1）。

会社は変形期間に入る「前に」、対象従業員がその期間の「どの日」に「何時間」働くかをシフト表などで決めておかなくてはなりません。変形期間に入ってから事前に決めたこの内容を変更することはできません。**実際の労働時間がシフト表の労働時間を超えた場合には、その時間分「残業代（割増賃金）」が発生することになります。** 決して"1ヵ月トータル時間の範囲内なら残業にならない"というわけではありません。期間の労働時間を集計するときには、「日」「週」「月（期間）」それぞれについて、シフト表で事前に決めた予定を超過した時間がないか、「3段階」でのチェックをしましょう。

### 規定例

**第○条　1ヵ月単位の変形労働時間制（全従業員対象の場合）**

1. 勤務時間は、**起算日を毎月○日とする1ヵ月単位の変形労働時間制**とし、所定労働時間は、1ヵ月を平均して週40時間を超えないものとする（※2）。
2. 始業・終業の時刻及び休憩の時間は、原則として下記のとおりとする。

|   | 始業時刻 | 終業時刻 | 休憩時間 | 実働時間 |
|---|---|---|---|---|
| A | 9:00 | 17:00 | 12:00～13:00 | 7時間 |
| B | 9:00 | 18:00 | 12:00～13:00 | 8時間 |
| C | 8:00 | 19:00 | 12:00～13:00 | 10時間 |

3. 勤務の組み合わせ及び休日の割り振りはシフト勤務表で定め、起算日の1週間前までに従業員に通知する。

### ココもおさえる　労使協定で定める場合

● 労使協定で1ヵ月単位の変形労働時間制を定めるときは有効期間を定め、労働基準監督署に届出をする必要があります。

## 8 長期間にわたる調整が可能な「1年単位の変形労働時間制」

1年の中で、シーズンによる繁忙期の予測に応じて労働時間を調整できます。独特のルールをおさえて労使協定を締結しましょう。

### トラブル回避のポイント

- 1年単位の変形労働時間制を導入する際は、必ず「労使協定の作成」と「労働基準監督署への届出」が必要になります。就業規則で定めるだけでは不十分なので注意しましょう。
- この制度特有の「制限」をしっかりとおさえることがポイントです。

**根拠法令等**
労働基準法第32条の4

**重要**
※1 「法定労働時間の総枠」とは、変形労働時間制運用に際し、対象期間の週平均労働時間が40時間を超えていないかを判断するための目安（基準）。対象期間における法定労働時間の総枠は、「40時間×対象期間の暦日数÷7」以下でなくてはなりません。

### ■ 1年単位の変形労働時間制

「1年単位の変形労働時間制」は、1ヵ月超〜1年の「期間を平均して法令の範囲（法定労働時間の総枠※1）におさまるように」弾力的に調整する制度です。最大1年という"長期"にわたる変形労働時間制であるため、「1ヵ月単位の変形労働時間制」よりも導入に関する条件が細かいのが特徴です。次のような会社・部署は導入検討をしてみてはいかがでしょうか。

・営業時間や工場作業の関係で「シフト制」の業務
・夏期や年末年始など季節により繁忙期がある
・半年〜1年の期間で計画的に行うプロジェクトがある

### ■ 導入のポイント

就業規則の定めだけでは不十分で、必ず労使協定を定めておかなくてはなりません。また、この**「労使協定（協定書と協定届）」と「年間休日カレンダー」は労働基準監督署に届け出る必要があります**。

また、一度決めた内容は、たとえ労使が合意しても、期

間の途中で変更することはできませんので注意しましょう。

●**労使協定で定める事項**
①対象となる従業員の範囲
②対象期間（1ヵ月を超え1年以内の期間）
③特定期間（対象期間中の特に業務が繁忙な期間）
④対象期間における労働日と労働日ごとの労働時間
⑤その他厚生労働省令で定める事項（協定の有効期間）

### ■ 労使協定を定めるときのポイント

　労使協定を定める段階では、1年先の細かいスケジュールまですべて決めておくことは難しいでしょう。そこで、労使協定を締結・届出する段階では、
①対象期間を1ヵ月以上ごとに区分する（例：3ヵ月ごとに区分）
②最初の区分期間（例：3ヵ月目まで）の分は「労働日」と「労働日ごとの労働時間」（＝具体的なシフト表）を決めておく
③次の区分期間（例：4ヵ月目以降）の分については、その期間ごとの「労働日数」と「総労働時間」だけを決めておけばよい

　ということになっています。なお、この方法をとった場合、4ヵ月目以降の具体的な「労働日」と「労働日ごとの労働時間」（シフト表）については、各期間初日の30日前（「1ヵ月前」ではないので注意）までに過半数従業員代表の同意を得た上で、書面（労使協定）にて特定しておく必要があります。

●**対象期間を区分した場合**（対象期間1年、3ヵ月ごとに区分した場合の例）

| 対象期間 | 最初の区分期間 | それ以降の区分期間 | | |
|---|---|---|---|---|
| 1年 | 3ヵ月 | 3ヵ月 | 3ヵ月 | 3ヵ月 |

| 労使協定締結時に決定すること | ＜具体的なシフト＞<br>・労働日<br>・労働日ごとの労働時間 | ＜大まかな予定＞<br>・労働日数<br>・総労働時間 | | |
| --- | --- | --- | --- | --- |
| | | 労働基準監督署への届出：必要 | | |

| 各区分期間開始30日前までに決定すること | ＜具体的なシフト＞<br>・労働日　・労働日ごとの労働時間<br>（過半数従業員代表との労使協定により定めること） | | | |
| --- | --- | --- | --- | --- |
| | 労働基準監督署への届出：不要 | | | |

> 重要
> ※2 週の法定労働時間が「44時間」となる特例事業場も、1年単位の変形労働時間制を導入する場合には、必ず「1週平均40時間以内」で労働時間の設計をしなければなりません。

> メモ
> ※3 「タクシー運転手」については、一定の条件をクリアすることで1日の労働時間の限度を「16時間」とすることが認められています。

## ■ 1年単位の変形労働時間制の独特な制限

1年単位の変形労働時間制には「1日・1週の労働時間」「期間の労働日数」「連続出勤可能日数」などの独特な制限があるので確認しておきましょう。

### ①1日・1週の労働時間

1日10時間、1週52時間までです（※2）（※3）。これを超えてシフトを組むことはできません。

さらに、**対象期間が3ヵ月を超える場合**、労働時間が週48時間を超える週に関して制限がかかります。
・48時間を超える週は、連続して3週まで
・48時間を超える週は、3ヵ月ごとに各3回まで

### ②期間の労働日数

対象期間が3ヵ月を超える場合、労働日数の限度は**1年あたり「280日」**になります。

### ③連続出勤可能日数

・対象期間における連続して労働させられる日数は**「6日」**

● 特定期間における連続出勤可能日数の例

| 日 | 月 | 火 | 水 | 木 | 金 | 土 | 日 | 月 | 火 | 水 | 木 | 金 | 土 |
|---|---|---|---|---|---|---|---|---|---|---|---|---|---|
| 休 | 出 | 出 | 出 | 出 | 出 | 出 | 出 | 出 | 出 | 出 | 出 | 出 | 休 |

（6日＋6日＝）12日
1週間に1日の休日

・特定期間（特に忙しいとした期間）においては「1週間に1日の休日が確保できる日数＝12日」。

「振替休日」を利用する場合も、この連続出勤可能日数の範囲内で行う必要があります。この範囲を超えてしまうと、振替をしていても「休日労働」したことになってしまうので注意が必要です。

## ■ 中途入退社の対象者には割増賃金清算が必要な場合も

配置転換や中途入社・中途退職などにより、対象期間の

途中で対象（非対象）となった従業員については、在職期間中の所定労働時間がその期間の「法定労働時間の総枠」を超えた場合、割増賃金の支払い清算が必要です。

「対象になる在職期間中」の所定労働時間が「同期間中」の法定労働時間の総枠を超えている分が割増賃金の支払い対象です。1日・1週単位での確認をする必要はありません。

● 対象期間の途中で退職し、割増賃金の計算・支払いが必要な例

| ←　　　当初の対象期間 3ヵ月　　　→ | | |
|---|---|---|
| 4月 | 5月 | 6月 |
| 180時間 | 180時間 | 120時間 |
| ←　　　在籍　　　→ | | 退職 5月末日まで |

| ①在籍期間の総労働時間 | 360時間 … 4月（180時間）＋5月（180時間） |
|---|---|
| ②在籍期間の法定労働時間の総枠 | 348時間 … 40×暦日数（30日＋31日）÷7 |
| ③総枠を超えた時間（①-②） | 12時間 → 12時間分の割増賃金の支払いが必要 |

### 📕 規定例

**第○条　1年単位の変形労働時間制**

1. 第○条の規定にかかわらず、会社は従業員の過半数を代表する者と必要事項（労働基準法第32条の4第1項で定められた事項）を定めた**労使協定を締結し**、1年単位の変形労働時間制による労働をさせることがある。

2. 対象期間は、○月○日から○月○日までの1年間とし、1週間の所定労働時間を1年間を平均して、1週間あたり40時間以内とする。また、労働日、休日、及び1年間の総労働時間については年間カレンダーにより定めるものとする。

### 👆 ココもおさえる　変形労働時間制の整理

● 各変形労働時間制については、導入条件や労働時間の上限に少しずつ違いがあります。【○：必要、×：不要（義務ではない）】

| | 1ヵ月単位 (P.96) | 1年単位 (P.98) | 1週間単位 (P.105) | フレックスタイム制 (P.102) |
|---|---|---|---|---|
| 導入条件 | 労使協定（注）または就業規則 | 労使協定（注） | 労使協定（注） | 就業規則と労使協定 |
| 労使協定 締結 | （協定による場合） | ○ | ○ | ○ |
| 労使協定 届出 | ○ | ○ | ○ | × |
| 1日・週における労働時間の上限 | なし | 1日10時間 週52時間 | 1日10時間 週40時間 | なし |
| | | 週44時間の特例なし | | |

(注) 労使協定によって導入する場合、その旨を就業規則にも記載しておきましょう。

# 9 自由度の高さが魅力の「フレックスタイム制」

「コアタイム」と「フレキシブルタイム」をいかに設定するかがポイントです。独特な残業時間の計算方法もしっかりとチェックしましょう。

## トラブル回避のポイント

- 「自由度が高い」というイメージが強い制度なので、どこまで従業員に任せるかを明確にして、誤解が起こらないようにしておきましょう。
- 時間外労働の算出方法に特徴があります。ここでの計算を誤ると残業代未払いという事態にもなりますので注意しましょう。

**根拠法令等**
労働基準法第32条の3

**重要**
※1 清算期間：週平均労働時間が40時間(特例事業場の場合は44時間)を超えない範囲内において労働させる期間。1ヵ月以内に限ります。

**CHECK**
※2 フレックスタイム制は、始業時刻と終業時刻の決定を従業員に委ねるものです。

**CHECK**
※3 休憩時間を一斉にとるべき事業場では休憩時間を「コアタイム」内に設定しておきましょう。

### ■ フレックスタイム制とは

フレックスタイム制とは、始業時刻や終業時刻を対象従業員に自由に決めてもらう制度です。会社側では原則、清算期間（※1）とその期間におけるトータルの時間（総労働時間）だけを決めることになります。**対象従業員は期間中トータルでこの決められた総労働時間を働けば、各日の労働時間は自分で決めてよい**、ということになります。

### ■ コアタイムとフレキシブルタイム

毎日午前10時に「定例ミーティング」がある部署の場合、フレックスタイム制の対象者には「この定例ミーティングに参加しなさい」と会社側から指示（命令）をすることができません。フレックスタイム制の対象者がその時間に来るか来ないかは本人の自由とされているからです（※2）。

そこで、こうしたトラブルを避けるために重要になるのが「コアタイム」の設定です。**コアタイムとはフレックスタイム制の対象者でも「必ず就業しなければならない時間帯」**のことで、その範囲は会社で決めることができます。

これに対して、対象従業員が自由に就業できる時間帯を「フレキシブルタイム」と言います。このフレキシブルタイムの時間帯（範囲）も会社の任意で決めることができます。「フレックスなんだから、フレキシブルタイムなんて決めなくてもいいんじゃないの？」と思われるかもしれませんが、**これを決めておかないと深夜だろうが早朝だろうが自由に勤務できることになってしまいます**。会社の安全上の問題なども考慮して、範囲を決めておくことは非常に重要です。「まさかそんな時間に働くとは思っていなかった」なんてことがないように、会社の実情にあわせて検討しておきましょう（※3）。

### ■ フレックスタイム制と労使協定

フレックスタイム制を導入するためには**労使協定の締結が必要**です（労働基準監督署への届出は不要）。また、働き方ルールとして必ず「就業規則」にもフレックスタイム制についての定めをしておきましょう。

「労使協定で定める事項」は次のとおりです。

① 対象従業員の範囲
② 清算期間
③ 清算期間における総労働時間（所定労働時間）
④ 標準となる1日の労働時間
⑤ コアタイムを定める場合またはフレキシブルタイムに制限を設ける場合は、その時間帯の開始及び終了の時刻

### ■ 清算期間における「法定労働時間の総枠」

フレックスタイム制では、清算期間（例：1ヵ月）の「法定労働時間の総枠」を超えた労働時間分について、時間外労働割増賃金を支払う必要があります。期間トータルの判断であり、1日ごと（週ごと）の判断をしません。

「清算期間における総労働時間（上記「労使協定で定める事項」③)」も、この「法定労働時間の総枠」の範囲内で定めることになります。フレックスタイム制の「総労働時間」は、一般従業員の「所定労働時間」にあたりますので、実労働時間がこれを超えた場合は割増賃金の支払いが必要です。

**CHECK**
※4 週44時間労働が認められている事業は、フレックスタイム制においてもそのまま「1週間の法定労働時間＝44時間」として計算できます。

**CHECK**
※5 総労働時間は法定労働時間の総枠の範囲内で、「1ヵ月○○時間」や「所定労働日数×8時間」などの定めをします。

**CHECK**
※6 繰り越しをすることで次の月(清算期間)の労働時間が「法定労働時間の総枠」を超えてしまうと、その超えた分は時間外労働となり、割増賃金の支払いが必要になります。

「総労働時間」が「総枠時間」と異なる場合、この差の部分は「法令上割増分支払い義務がない時間」になりますので、この部分の取り扱い（通常時間単価支払い、または割増賃金支払い）について就業規則などで定めておきましょう。

「法定労働時間の総枠」は、次のように算出します。

| 1週間の法定労働時間×清算期間の日数÷7 | （※4）

例えば、4月1日〜30日の1ヵ月を清算期間とする場合、

40時間×30日÷7　≒　171時間

が法定労働時間の総枠（総労働時間として設定できる限度時間）ということになります（※5）。

■ 総労働時間と実労働時間の「差」の取り扱い

総労働時間と実労働時間との間に「差」があるとき、この調整については、次のようなルールがあります。

①**実労働時間のほうが清算期間の総労働時間より多い**

超過時間分については必ず賃金支払いをしなくてはなりません。超過した時間分を次の期間で調整できません。

②**実労働時間のほうが清算期間の総労働時間より少ない**

不足した時間分について、賃金を控除、または、次の期間に繰り越すことができます（※6）。

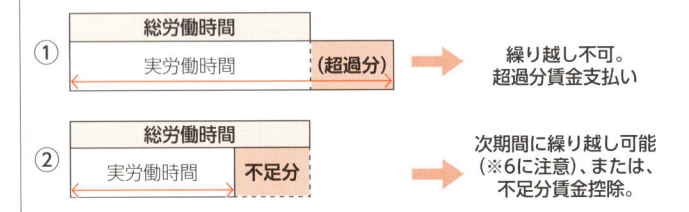

① 総労働時間／実労働時間／(超過分) → 繰り越し不可。超過分賃金支払い

② 総労働時間／実労働時間／不足分 → 次期間に繰り越し可能（※6に注意）、または、不足分賃金控除。

■ フレックスタイム制と休日・年次有給休暇の関係

フレックスタイム制の対象従業員が自由に決められるのは、あくまでも「所定労働日」の始業時刻と終業時刻だけ

です。「休日」まで自由に働くことは認められていません。

また、「年次有給休暇」を取得した場合、その日は労使協定で定めた「標準となる1日の労働時間」労働した扱いとなります。

### 規定例

**第○条　フレックスタイム制**
会社は、従業員の過半数を代表とする者と必要事項（対象従業員の範囲、精算期間、精算期間における総労働時間、標準となる1日の労働時間、コアタイムとフレキシブルタイムを設ける場合はその時間帯開始・終了時刻）を定めた**労使協定を締結し**、フレックスタイム制による労働をさせることがある。対象の従業員については、始業及び終業の時刻をその従業員の決定に委ねる。

### ココもおさえる　1週間単位の変形労働時間制

　変形労働時間制には「1ヵ月単位」「1年単位」の他にも**「1週間単位の変形労働時間制」**があります。「業種・従業員数」に制限がありますが、その条件に合う場合には臨機応変に利用できて効果のある変形労働時間制です。

　従業員数が**「30人未満」**の**「小売業、旅館、料理店及び飲食店」**が対象となります。条件を満たしていて、"日・週ごとに忙しさが違い、その繁閑パターンの予測がしにくい"（＝非定型的な）場合にはおすすめの制度です。

- 従業員代表と「労使協定」を締結し、労働基準監督署に「届出」をする必要があります。
- "週44時間の特例"を利用できる特例事業場であっても、この制度を利用する場合は1週平均40時間が労働時間の上限となります。
- 1日の労働時間の上限は「10時間まで」です。
- 1週間の各日の労働時間を「事前に（その1週間が始まる前に）」「書面で」従業員に通知しておく必要があります。
- 「緊急でやむを得ない場合」には、「前日までに書面で通知」をすることでシフト変更も可能とされています（天候等の客観的事実に基づく大幅な変更の必要性がある場合）。

# 10 外回り担当者に検討したい「事業場外のみなし労働時間制」

直行直帰などが多い外回り従業員に効果的な特殊な労働時間の管理方法です。対象者にはいくつかの条件があります。

## トラブル回避のポイント

- 対象者の条件を確認し、後で残業代を支払う必要がないようにします。
- 内勤時間の扱いが異なる2つの管理方法があります。

**根拠法令等**
労働基準法第38条の2

**CHECK**
※1 原則的な「みなし」の場合、労働時間の一部について事業場内で労働（内勤）した場合、事業場内での内勤時間も含めて所定労働時間労働したものとみなされます。

**CHECK**
※2 この「通常必要とされる時間」のみなし制が適用されるのは、"事業場外で労働した時間"だけです。労働時間の一部について内勤した場合、その日の労働時間は「外回りのみなし時間＋内勤の実働時間を合計した時間」となります。

### ■ 事業場外みなし労働時間制とは

直行直帰が多い外回りの営業担当者等については明確な労働時間を把握することが困難です。そこで、このような従業員について**一定時間労働したものと「みなし」て管理する**のが「事業場外みなし労働時間制」です。

事業場外みなし労働時間制を**導入できるのは、会社・上司の指揮監督が及ばず、労働時間の管理が困難な場合に限**られます。次のようなケースは対象となりません。

① 何人かで事業場外労働に従事する場合で、その中に労働時間の管理をする者（所属長等）がいる場合
② 携帯電話等により、随時会社・上司の指示を受けながら業務に従事している場合
③ 会社で訪問先等の具体的な指示を受けた後、その指示どおりに労働して帰社するような場合

### ■ 事業場外労働、2つの「みなし方」

従業員が労働時間の全部または一部について事業場外（直行・直帰等）で業務に従事し、労働時間を算定するのが難しいときは、「所定労働時間労働したものとみなす」のが原則です（※1）。労使協定の締結・届出は不要ですが、

ルール周知のために就業規則の中で定めておきましょう。

一方、事業場外労働時間が通常「所定労働時間を超える」ことが見込まれる場合には、業務の遂行に「通常必要とされる時間」を労使協定で決めておくことで、その時間労働したものとみなすことができます（※2）。このみなし労働時間が「法定労働時間（8時間）を超えている場合」には、その法定労働時間を超えている時間分については「割増賃金」が発生することになります。

## ●事業場外労働と事業場内労働が混合している場合

**＜原則＞**
→「所定労働時間労働したものとみなす」

| 事業場外 | 事業場内 |
|---|---|

事業場内・外あわせて「所定労働時間」労働したものとみなす
●労使協定は不要。就業規則で定めておく（規定例参照）。

**＜業務遂行には通常所定労働時間を超えて労働が必要な場合＞**
→「その業務について、通常必要な時間労働したものとみなす」

| 事業場外 | 事業場内 |
|---|---|

業務遂行に通常必要とされる時間　　　　　**別途加算する！**
（または労使協定で定めた時間）

●通常必要時間みなしの場合、みなしの対象はあくまでも「事業場外労働部分のみ」です。
●労使協定で定めた時間が法定労働時間を超える場合、労使協定を労働基準監督署に届出しなくてはいけません。

### 📔 規定例

**第○条　事業場外の労働時間（所定労働時間みなしの場合）**
従業員が労働時間の**全部または一部**を事業場外で勤務する場合で、その勤務時間の**算定**が難しいときは、その日については**事業場内での労働時間を含め、所定労働時間勤務**したものとみなす。

# 11 対象職種が限定的な「専門業務型裁量労働制」

対象になる「プロフェッショナル従業員」の範囲、対象業務など、制度導入に際して会社が確認しておくべきことを整理しましょう。

## トラブル回避のポイント

- 対象業務が明確に定められています。該当していない場合には残業代が発生することになるので、事前にしっかり確認しておきましょう。
- 裁量労働制とはいっても労働時間の管理は必要です。実態から業務内容の見直しを行うことで、うつ病や過労死の原因を未然に防ぐことができます。

**根拠法令等**
労働基準法第38条の3

**重要**
※1 保管する記録：①対象従業員の労働時間の状況、②対象従業員の健康・福祉確保措置の状況、③対象従業員からの苦情処理措置の状況

**CHECK**
※2 あわせて、従業員からの「苦情の処理に関する措置」として「相談窓口」を設置しましょう。この相談窓口についても労使協定に明記しておきます。

### ■ 専門業務型裁量労働制とは

専門的で高度な内容の業務に従事する従業員について、労使協定で定めた「1日のみなし労働時間」を労働したものとみなすのが「専門業務型裁量労働制」です。

次のポイントをすべて満たす必要があります（※1）。

① 業務遂行の手段や時間配分の決定について、会社が具体的指示をすることができない（しない）こと
② 対象業務は一定の業務に限られること
③ 労使協定で健康・福祉確保措置、苦情処理措置等の定めをすること
④ 労使協定を作成し、労働基準監督署に届け出ること

### ■「裁量」労働制なので、対象者は限定される

従業員の裁量に任せる制度なので、「始業時刻・終業時刻」だけでなく、「作業の仕方や進め方」も対象従業員に任せていることが前提です。「随時細かい作業指示が出ている」「責任者の管理下で業務を行う」「対象業務のアシスタントをする」などの場合には対象者とはなりません。

## ■「対象業務」の厳格な定め（範囲）

①製品または新技術の研究開発等
②情報処理システムの分析または設計
③新聞、出版の事業における記事の取材または編集
④衣服・室内装飾デザイナー
⑤放送番組のプロデューサー・ディレクター

● その他厚生労働大臣の指定する業務

> ⑥コピーライター、⑦システムコンサルタント（問題点の把握や活用方法の考案・助言）、⑧インテリアコーディネーター（配置の考案・表現・助言）、⑨ゲーム用ソフトウェアの創作、⑩証券アナリスト、⑪金融工学等の知識を用いて行う金融商品の開発、⑫大学における教授研究（主として研究に従事）、⑬公認会計士、⑭弁護士、⑮建築士、⑯不動産鑑定士、⑰弁理士、⑱税理士、⑲中小企業診断士

### 規定例

**第○条　専門業務型裁量労働制**
1. 業務上の必要がある部門及び担当者について、**業務遂行の手段及び時間配分などを原則として従業員の裁量に委ねる**専門業務型裁量労働制により勤務させることがある。
2. 休日や深夜の労働については、事前に所属長の許可を受けることとする。
3. その他具体的な取り扱いは、従業員の過半数を代表する者との書面による**労使協定**により別に定める。

### ココもおさえる　健康及び福祉を確保するための措置

労使協定には次の事項を明記しておく必要があります。
①対象者の勤務状況の具体的な把握方法
②把握した勤務状況から、どういうケースにどのような健康・福祉確保措置を行うか

　措置の例としては、「年次有給休暇取得の促進」「特別休暇の付与」「健康診断や保健指導の実施」「配置転換」などが考えられます（※2）。

# 12 「管理監督者」の特別な労働条件

対象者の拡大解釈には要注意です。「管理監督者」と「会社の役職者」はイコールではありません。法令上の管理監督者の条件を確認しましょう。

### トラブル回避のポイント

- 就業規則においては「管理監督者」が就業時間、休憩、休日の適用除外者（割増賃金が発生しない人）であることを明記し、従業員に周知しましょう。
- 法律上の管理監督者は、会社の組織上の「管理職」とは定義（対象者の範囲）が異なります。通達などでその要件を確認しておくことが大切です。

**根拠法令等**
労働基準法第41条

**メモ**
※1 多店舗展開（チェーン店）の店長であっても管理監督者とは認められない、とする裁判での判決が出たのは有名です。

## ■「管理監督者」とは誰か

労働基準法第41条には、ある特例が定められています。労働時間、休憩、休日を本人の自主性に任せて管理させる「適用除外」のルールです。ここで定められた人については、時間外・休日労働のルールが適用されません。「労働時間ルールの縛りがない＝"残業"の概念がない」、つまり「残業代が発生しない」ということです。この適用除外のひとつが「管理監督者」と言われる人です。

管理監督者は、部長や課長という「会社での管理職の肩書き」によって認められるものではありません。

①一般社員を管理監督する、人事権などを含む重要な職務と権限が与えられている
②タイムカードなど時間に縛られるのではなく自分の裁量で働ける環境が整えられている
③役職手当など賃金面であきらかに優遇されている

などの点から、総合的に判断されます。「**経営者と一体的な立場**」でなければ労働時間、休憩、休日に関する規制の適用除外となる管理監督者として認められません（※1）。

なお、管理監督者についても「深夜業に関する労働時間や割増賃金」「年次有給休暇」「年少者、妊産婦の深夜業禁止」に関しては、一般の従業員と同じ取り扱いがされます。ここは適用除外にならないので注意が必要です。

### 📕 規定例

**第○条　管理監督者**
**管理監督の地位にある者**については、**就業時間、休憩及び休日に関する規定は適用せず**、時間外労働手当及び休日労働手当は支給しない。

### 👉 ココもおさえる　チェーン店の管理監督者

「多店舗展開する小売業、飲食業等の店舗における管理監督者の範囲の適正化について」というチェーン店向けの行政通達があります。下記の内容のうち、合致していない項目が多いほど管理監督者性が否定されます。管理監督者のイメージがわきやすい通達なので、確認しておきましょう

1. 「職務内容、責任と権限」について
　①採用権はあるか（アルバイト・パートタイマーの採用に関する責任と権限）
　②解雇決定に関与しているか（アルバイト・パートタイマーの解雇決定）
　③人事考課に関与しているか（部下の人事考課）
　④労働時間管理に関与しているか（シフト表の作成、残業命令の権限）

2. 「勤務態様」について
　①遅刻・早退の自由はあるか（減給や人事考課上での不利益がない）
　②労働時間の裁量はあるか（常駐義務、アルバイト・パートタイマーの人員不足時に自ら従事、などの拘束がない）
　③部下と働き方に明らかな差異があるか（会社のマニュアルに沿って部下と同様に従事するような労働時間が少ない）

3. 「賃金等の待遇」について
　①基本給・役職手当の優遇は適正か（割増賃金がないこととのバランス）
　②賃金の総額は高水準か（一般従業員と同程度・それ以下ではない）
　③賃金の時間単価が不当に安くなっていないか（長時間労働により、結果的にアルバイト・パートタイマーの時間単価や最低賃金を下回っていないか）

# 5章 休日・休暇

1. 「休み」の種類
2. 「振替休日」と「代休」を区別する
3. 年次有給休暇の「付与日数」と「付与タイミング」
4. 年次有給休暇の「発生条件」、2つの判断ポイント
5. 年次有給休暇の「時季変更権」は慎重に判断する
6. 年次有給休暇の「繰り越し」ルールは、民法を参考に
7. 年次有給休暇の「比例付与」は対象者の確認が重要
8. 年次有給休暇の「計画的付与」を利用する
9. 年次有給休暇「半日単位取得」と「時間単位取得」の違い
10. 「当日申請」「退職時」「再雇用時」の年次有給休暇の注意点
11. 裁判員制度への対応方法
12. 「特別休暇」のルールを定める

# 1 「休み」の種類

「休みの日」であっても、「休日」と「休暇」とは違います。さらに、「休日」にも2つの種類があります。この区別がとても重要です。

## トラブル回避のポイント

- 休日は就業規則に必ず記載しなくてはならない事項です。
- 休日と休暇、法定休日と所定休日の違いは、支払うべき賃金の額に違いが出てくることがあります。就業規則におけるルールと実務上の取り扱いが異なっていないか、しっかり確認しておきましょう。

**根拠法令等**
労働基準法第35条

**CHECK**
※1 就業規則などで深夜時間帯を含む「交代制」を運用する旨を定めている場合は1暦日でなくてもかまわない（連続した24時間でよい）ことになっています。

**重要**
※2 週休2日制の会社で、「日曜日を法定休日とする」等の内容を就業規則で明記してしまうと、たとえ土曜日に休んでいても、日曜日に出勤した場合の割増率が「1.35倍」となってしまうので注意。法定休日の「曜日」を特定する必要はありません。

### ■「休日」と「休暇」の違い

休日と休暇、両方とも「休みの日」なのであまり意識して区別していないかもしれませんが、この2つは異なるものです。就業規則をつくる立場ならば、きっちりとその違いを把握しておきましょう。

**「休日」とは、雇用契約や就業規則等によって「労働義務がない日」と定められている日**のことです。ですから、従業員が定められた日に休むことについて、会社は基本的に介入することはできません。その例外が「休日労働」になります。

一方**「休暇」とは、「本来労働義務のある（働くべき）日」について、従業員側の申し出により「労働義務を免除する日」**のことを言います。

休暇日は本来労働日なので、所定労働時間が存在します。「休日」労働をした場合には「割増賃金」が発生しますが、「休暇」を取り消して労働した場合は通常の勤務をしたことになり、基本的に割増賃金は発生しません。休日は原則として1暦日（0時から24時までの24時間）です（※1）。

## ■ 法定休日と所定休日

休日の付与方法は毎週少なくとも1日（変形休日制の場合4週間を通じ4日以上の休日）です。この休日は法律で決められている最低限の休日なので**「法定休日」**と言います。これに対して、週に2日以上付与される休日については**「所定休日」**（または「法定外休日」）と言います。

「休日割増1.35倍（3割5分増）」と言われる場合の「休日」は「法定休日」を指しています。つまり、「法定休日」に働いたときだけ1.35倍の割増賃金の支給が必須になるのです。「所定休日」に働いた分は週の所定労働時間を超えた場合、「時間外労働（1.25倍）」の割増賃金を支払うことになります。

例えば平日出勤＜1日8時間＞、週末2日が休日の場合、月～金曜の勤務で＜8時間×5日間＝40時間＞と"週の法定労働時間"に到達しています。もし土曜に出勤すると、「週の法定労働時間を超過」＝「時間外労働割増賃金（1.25倍）の支払いが必要」になるのです。土曜はあくまでも「時間外労働」です。もし翌日の日曜も働くことになった場合、その日曜は「法定休日出勤（割増賃金1.35倍）」になります（※2）。

### ●週休日（例：土曜日・日曜日）に出勤した場合の割増賃金の違い

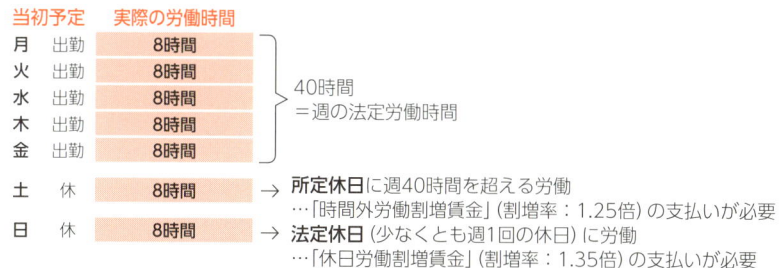

| 当初予定 | | 実際の労働時間 | |
|---|---|---|---|
| 月 | 出勤 | 8時間 | |
| 火 | 出勤 | 8時間 | 40時間 |
| 水 | 出勤 | 8時間 | ＝週の法定労働時間 |
| 木 | 出勤 | 8時間 | |
| 金 | 出勤 | 8時間 | |
| 土 | 休 | 8時間 | → **所定休日**に週40時間を超える労働<br>…「時間外労働割増賃金」(割増率：1.25倍)の支払いが必要 |
| 日 | 休 | 8時間 | → **法定休日**(少なくとも週1回の休日)に労働<br>…「休日労働割増賃金」(割増率：1.35倍)の支払いが必要 |

### 📙 規定例

**第○条　休日**

休日は、次のとおりとする。
　①土曜日　②日曜日　③国民の祝日（日曜日と重なったときは翌日）
　④**年末年始（12月○日～1月○日）**
　⑤その他会社が指定する日

## 2 「振替休日」と「代休」を区別する

「振替休日」か「代休」かの違いは割増賃金の支払いに直接影響します。事前対応と事後対応の違いに注意しましょう。

### トラブル回避のポイント

- 振替休日は、就業規則に定めがないと行うことができません。目安となる「休日の振替先の範囲」まで提示しておくと、従業員は安心です。
- 代休を設ける場合、「あくまでも割増賃金が発生すること」を就業規則に明記しておくと、従業員にも振替休日との違いがわかりやすくなります。

**根拠法令等**
労働基準法第35条

**CHECK**
※1　代休を会社のルールにする場合、この点（②の事項について）も就業規則に規定しておくと万全です。

**重要**
※2　同一週の「起算（スタート）曜日」は会社で決めることができます。自社の1週間スタートが何曜日なのか、就業規則に必ず定めておきましょう（4章1項「ココもおさえる」参照）。

### ■「振替休日」と「代休」をしっかり理解する

「休日と休暇」に続き、もうひとつしっかり区別しておきたいのが「振替休日」と「代休」です。とてもニュアンスが似ている言葉ですし、いずれも「本来の休日と別の日に休む」という制度で、同じものとして間違えやすいのですが、その扱いはまったく異なる制度です。しっかりとその内容・取り扱いの違いを把握しておきましょう。

### ■ 振替休日とは

振替休日とは、あらかじめ、就業規則等で休日と定められている日を労働日とし、別の労働日とされている日を休日として指定（事前に入れ替え）した日を指します。

①就業規則に「休日の振替を行うことがある」旨を定める
②事前に振替日を指定する（4週4日の休日は確保）
③当初の休日は労働日になる
④遅くとも前日までに本人に予告する

■ 代休とは

　一方、**代休とは休日労働した「後」に、その代償として休みを与えるもの**です。代休を取っても、休日労働をした事実が消えるわけではありません。
①休日出勤日はあくまでも休日のままなので、割増賃金の支払いが必要
②代休日については賃金を支払う必要はない（※1）
③時間外・休日労働になるので、36協定の届出が必要
④代休を与えるかどうかは会社の判断で決められる

　代休を与えない会社であれば、就業規則に代休についての記載をする必要はありません。「場合によって代休を与える意向がある」という会社は、そのルールを就業規則に記載しておきましょう。

---

📕 規定例

**第〇条　振替休日**
業務の都合上やむを得ない理由が生じた場合、第〇条に定める休日を**あらかじめ同一、または次期給与計算期間内に振り替えることがある**。

**第〇条　代休**
第〇条の休日について、**休日労働した従業員に対して**、会社の業務上の判断により、**代休を付与することがある**。この場合、原則として〇日以内に付与するものとする。なお、**代休は無給**とする。

---

👆 ココもおさえる　**振替休日が「週をまたいだとき」の割増賃金**

　振替によって「1週の法定労働時間を超えた時間」については時間外労働割増賃金が発生します。例えば、振替前の週労働時間が＜40時間＞の週に、更に振替による出勤で1日＜8時間＞働くと、この週の総労働時間は＜40＋8＝48時間＞。**1週間の法定労働時間40時間を超過しているので、超過分（8時間分）については時間外割増賃金の支払いが必要です。**「同一週」内（※2）の振替であれば総労働時間は変わらないので割増賃金は発生しません。

## 3 年次有給休暇の「付与日数」と「付与タイミング」

「年次有給休暇」はチェックポイントが多い重点項目です。まずは管理上とても大切な「自社の有休発生日」を確認・定めることからスタートしましょう。

### トラブル回避のポイント
- 年次有給休暇（有休）のルールは就業規則に必ず記載しましょう。
- 有休の基準日（発生日）の統一を行うと、会社は管理がしやすくなり、従業員は法令で定めるタイミングよりも早く有休が取れるメリットがあります。会社のメリット・デメリットとあわせて比較検討しておきましょう。

**根拠法令等**
労働基準法第39条

**CHECK**
※1　法令の定めにより会社は6ヵ月以上継続勤務した従業員に対して「10労働日」、それ以降は継続勤務年数1年ごとに、11、12、14、16、18労働日、6年6ヵ月以上継続勤務した場合は「20労働日」の年次有給休暇を与えなければなりません。

### ■ 原則どおりの付与方法は管理が煩雑

年次有給休暇（有休）の付与方法については、法律で「最低限与えなくてはならない」タイミングと付与日数が定められています（※1）。これよりも「遅いタイミング」や「少ない日数」での付与はできません。

ですから、この最低限のルールにあわせて付与するのがひとつの方法です。しかし、今は中途採用により、入社日が各人によって異なるケースが増えています。そうなると、全従業員の入社日ごとに細かな管理（誰にいつ付与するのか）を毎月・毎年行わなくてはなりません。従業員数が少ないうちはそれほど問題ないかもしれませんが、人数が増えるとこの管理方法はとても煩雑になってしまいます。

### ■ 有休を一斉に付与する方法

これを解消するのが**「有休を一定の日（基準日）に一斉に」付与する方法**です。法令の定めよりも「早いタイミング」で付与しなくてはいけません（法令を下回らないこと）。ここでは4月1日に一斉付与するケース（規定例参照）で、

入社日が異なる2人の例をあげます。
・Aさん：平成24年4月1日入社
・Bさん：平成24年9月1日入社
① 1回目（10日分）の付与日はここでは原則どおり「入社日から6ヵ月後」
・Aさん：平成24年10月1日に10日付与
・Bさん：平成25年3月1日に10日付与
② 2回目（11日分）の付与日は「初回付与後直近の4月1日」
・Aさん、Bさんとも：平成25年4月1日に11日付与
③ 3回目（12日分）の付与
・Aさん、Bさんとも：平成26年4月1日に12日付与

　一斉付与の場合、会社にとっては毎年同じ日に有休付与できるので管理がしやすくなります。従業員にとっては法令より早く有休付与されるメリットがあります。

### 規定例

**第○条　年次有給休暇　（4月1日一斉付与の例）**

1. 年次有給休暇の更新（基準日）は毎年4月1日とし、次の日数を付与する。
ただし、入社後6ヵ月を経過しない従業員は更新の対象としない。

●年次有給休暇付与日数

| 勤続年数 | 6ヵ月経過 | 6ヵ月経過後最初の基準日 | 翌年以降の基準日 | | | | |
|---|---|---|---|---|---|---|---|
| 付与回数 | 1回目 | 2回目 | 3回目 | 4回目 | 5回目 | 6回目 | 7回目以降 |
| 付与日数 | 10日 | 11日 | 12日 | 14日 | 16日 | 18日 | 20日 |

### ココもおさえる　法定より有休付与日を繰り上げるときの注意点

　有休付与日は法定より繰り上げすることはできますが、一度繰り上げした場合には以降もその繰り上げた日を「基準日」にしなくてはなりません。2回目の有休付与日は「初回に付与した基準日から1年後（以内）」です。「初回を入社日、2回目を入社日から1年6ヵ月後」とはできませんので注意しましょう。

## 4 年次有給休暇の「発生条件」、2つの判断ポイント

従業員でも有休が発生しないことがあります。有休が発生するかどうかの判断では「継続勤務」と「出勤率」がポイントです。

### トラブル回避のポイント

- 継続勤務の考え方は会社・従業員ともに勘違いが起こりやすいところです。従業員の区分が変わった場合や定年後の再雇用をする場合などには特に注意して確認しましょう。
- 出勤率の計算に含める休暇を明記しておくことで、従業員も安心です。

**根拠法令等**
労働基準法第39条

**CHECK**
※1 例えば、季節限定の短期アルバイト。同じ会社で毎年夏休みと冬休みにそれぞれ1ヵ月程度アルバイトをしても、これは1年間を通しての「継続勤務」ではありません。ですから、有休付与の対象者には該当しません。

**メモ**
※2 本章10項参照

**CHECK**
※3 介護休暇の導入については、中小企業は平成24年6月末まで猶予措置です（6章8項参照）。

### ■ 全員一律とは限らない、有休発生の条件

「有休は従業員の権利＝従業員なら誰でも無条件に発生するもの」と勘違いされることがありますが、有休にもその権利を受けるための「条件」が存在します。それが**「継続勤務」と「出勤率」**です。

「継続勤務」とは字のごとく、その会社で継続して勤務している期間（雇用契約の存続期間、在籍している期間）を指します（※1）。また、従業員の区分は変更になったけれども同じ事業主のもと（同じ会社やグループ会社など）で引き続き働いている場合にも、「継続勤務」として勤続年数を通算することになっています（※2）。

「出勤率」については、**＜出勤した日÷全労働日（本来働くべき日）＞**が「8割以上」であることが有休発生の条件になっています。

分母になる「全労働日」は「本来働くべき日＝所定労働日」です。休日労働などで結果的に出勤日数が増えた場合でも、この計算における全労働日の日数は変わりません。

分子になる「出勤した日」は実際に出勤した日です。

ただし、実際に出勤していなくても「出勤したものとして取り扱う」こととされている事項（休暇・休業）も含みます（本項規定例参照）。また、あくまでも「出勤しているかどうか」が判断のポイントになりますので、遅刻や早退をした日についても「出勤した日」として計算することになります。

### 規定例

**第○条　年次有給休暇**

2. 年次有給休暇は、前回の基準日（初回時においては入社日）から今回の基準日（初回時においては入社後6ヵ月経過した日）前日までの期間において**継続勤務**し、所定就業日数の**8割以上出勤した従業員に付与**する。なお、出勤率の算定にあたっては、以下の休暇・休業は出勤したものとみなす。
   (1) 年次有給休暇を取得した日
   (2) 業務上の傷病による休業期間
   (3) 産前産後休業期間
   (4) 育児休業期間
   (5) 介護休業期間
   (6) 子の看護のための休暇を取得した日
   (7) 家族の介護のための休暇を取得した日（※3）

### ココもおさえる　有休が発生しなかった「次の年」の付与日数

出勤率が8割を満たせずに有休が発生しなかった場合、次の年には何日分の有休が発生するのでしょうか。

前回が2回目（11日）、今回が3回目（本来12日）で、今回有休が発生しなかったという場合であれば、次回の付与日数は次のようになります。

● 出勤率と付与日数

| 有休付与の回数 | 出勤率を満たしたか | 付与される日数 |
|---|---|---|
| 2回目（前回） | ○（満たした） | 11日 |
| 3回目（今回） | ×（不足） | （12日分が）不支給 |
| 4回目（次回） | ○（満たした） | 14日 |

次回はあくまでも4回目（14日）分の権利が発生するかどうかという判断になります。今回不支給になった12日分を付与するわけではありません。

## 5 年次有給休暇の「時季変更権」は慎重に判断する

有休取得は、「従業員が取りたいときに取れる」のが原則です。しかし、会社が取得時季を変更できるケースがあります。その条件を確認しましょう。

### トラブル回避のポイント

- 有休の申請については「書面で管理」することで「言った」「言わない」というトラブルを回避できます。
- 申請の期間も明確にしておきましょう。「◯日前までに」という目安を明記しておくことで、従業員もそれを踏まえて申請をすることができます。

**根拠法令等**
労働基準法第39条

**メモ**
※1 あくまでも時季変更権が認められるのは、「代わりのメンバーを確保することができず、その人がいないと特定の業務が予定どおりに行えない（滞ってしまう）場合」です。漠然と「全体的に忙しいから」というような場合には、時季変更権を行使するのは難しいと言えます。

### ■ 年次有給休暇の取得日を決める

有休をいつ取得するのかを**決めるのは原則として「従業員」**です。そして、その取得理由がどのようなものであっても、会社はこれに干渉することはできません。有休を取得（請求）するとき、従業員には「正当な理由」を必要としません。理由を問わず、従業員は自分で指定した日に有休を取得できます（時季指定権）。これが"原則"です。

しかし、どうしてもその人にいてもらわなければならないときに、「特別な配慮すべき理由もなく」有休を取られては困ることもあります。そこで、労働基準法では、「会社は事業の正常な運営を妨げる場合、有休を（従業員の請求があった日でなく）他の時期に与えてもかまわない」ということが認められています。これを**「時季変更権」**と言います。

### ■ 会社が時季変更権を使えるとき

「時季変更権」は従業員の「時季指定権」に"待った"をかけて変更する権利。**"事業の正常な運営を妨げる"場合に限って、有休の取得時季を変更することができます。**

ここでポイントになってくるのが「"事業の正常な運営を妨げる"とはどんな場合なのか」ということです。会社側としては、ここはできるだけ広い範囲での解釈をしたいところですが、その判断は、
①事業の規模・内容
②担当業務の性質・内容
③業務の繁閑
④代替者配置の難易
　等を総合的・客観的に考慮することになります（※1）。
　有休取得については会社と従業員双方の言い分があります。期日ギリギリの申請・決定であればあるほど、相手は納得しづらくなります。就業規則に「申請ルール」をしっかりと定めておくことが重要なポイントになります。

### 規定例

**第○条　年次有給休暇**
3. 年次有給休暇は、従業員から請求のあった時季に与えるものとする。ただし、**業務の正常な運営を妨げる場合は、他の時季に変更することがある。**
4. 年次有給休暇を受けようとする場合は、**あらかじめ○日前までに取得目的及び期間を記載した所定の書面をもって所属長に届け出なければならない。**
　　ただし、緊急の事態などで事前に書面による届出ができなかった場合には、所属長の判断によりこれを認めることがある。この場合には事後すみやかに書面を届け出ることとする。

### ココもおさえる　有休の「取得目的」

　有休の取得日は従業員が自由に決めることができるといっても、時季変更権の行使を判断するためにも取得目的は確認しておきたい事項です。子供の入学式や家族の手術日など、会社として特別な配慮が必要なケースもあります。そこで、有休の申請書には「取得目的記入欄」を設けておきましょう。ただし、あくまでも理由の記入は本人の任意によるものなので、この「取得理由欄への詳細な記入を有休取得の絶対条件（強制）」にしたり、「記入された理由の内容によって有休を与えない」としたりすることは、適切な対応とは言えません。

## 6 年次有給休暇の「繰り越し」ルールは、民法を参考に

「繰り越しされた去年の分」と「新規に付与された今年の分」、どちらから優先的に消化するのかを就業規則で定めておくことができます。

### トラブル回避のポイント

- 繰り越し分と新規分、どちらから消化していくのかを明記しておきましょう。これによって従業員の「有休残日数」の思い違いがなくなります。新規分からの消化をルールとする場合には「新規取得分から消化するものとする」という文章を必ず追加し、しっかり事前周知を行いましょう。

**根拠法令等**
労働基準法第39条

**メモ**
※1 (民法第488条1項)
債務者が同一の債権者に対して同種の給付を目的とする数個の債務を負担する場合において、弁済として提供した給付がすべての債務を消滅させるのに足りないときは、弁済をする者は、給付のときに、その弁済を充当すべき債務を指定することができる。

**メモ**
※2 民法第488条2項によります。

### ■「有休の時効」と「繰り越しルール」の関係

有休の時効は2年間です。「有休は翌年(度)に限り、繰り越すことができる」という話を聞いたことがあるのではないでしょうか。ここで、意外と設定されていないのがその「消化の順番」です。

前年の繰り越し分から消化するのか? それとも、新規に付与された直近の分から消化するのか? 実はこの有休消化の順番について、労働基準法には決まりがありません。

そこで、「2つの同種の債務を負担している場合、返済者は充当すべき債務を指定できます」という「民法」のルールが代わりに適用されます(※1)。"債務(有休の付与)を負担している者(会社)は、2つの同種の債務(繰り越し分・新規分)のどちらから先に付与するか、この消化順を(会社が)決めてかまわない"ということです。

### ■ 繰り越しと消化順はしっかり決めておく

この消化順を「会社が決める」というのは「就業規則で定める」ということです。会社がこの消化順を指定してい

ない場合には、「従業員が」消化順を指定することができます（※2）。

この場合、従業員に不利にならないよう、時効が近い「繰り越し分から消化」することになります。ですから、**自社で「新規付与分から消化」するルールを設定する場合は、しっかり就業規則にルール決めをしておくことは**もちろん、あわせて、「有休は繰り越し分から消化するものだ」と思っている従業員が多いので、この内容をしっかりと「説明」しておきましょう。従業員もそれを踏まえた有休取得計画を立てることができるので安心です。

### 規定例

**第○条 年次有給休暇（繰り越し分から消化する場合）**
5. 年次有給休暇の繰り越しは、その年度に使用しなかった日数を、次年度に限って繰り越し使用することができる。**年次有給休暇の使用順位については、この繰り越し分から優先的に使用するものとする。**

### ココもおさえる　繰り越し分と新規分、「消化順」による違い

＜例＞
① 入社6ヵ月後に10日付与。その後1年間、1日分も有休を消化しなかった
② 入社1年6ヵ月後、11日付与（11日＋繰り越し10日）
③ ②と④の間に「5日分」有休を取得（消化）
④ 入社2年6ヵ月後、12日付与（12日＋繰り越しは「何日」？）
消化順により、④時点での有休残日数は次のように変わります。

| | ①入社6ヵ月後に付与された分<br>（④時点で時効により消滅） | ②入社1年6ヵ月後に付与された分<br>（④時点で前年分繰越） | ④2年6ヵ月後時点年の利用可能日数<br>（④時点で12日分付与） |
|---|---|---|---|
| 繰り越し分から消化 | ③で5日分消化<br>10日-5日＝**5日分** | 未消化<br>**11日分** | 繰越11日＋付与12日<br>＝**23日分** |
| 新規分から消化 | 未消化<br>**10日分** | ③で5日分消化<br>11日-5日＝**6日分** | 繰越6日＋付与12日<br>＝**18日分** |

# 7 年次有給休暇の「比例付与」は対象者の確認が重要

パートタイマーの有休付与日数には独自のルールがあります。同じ"パートタイマー"でも、付与される日数が異なることがあります。

### トラブル回避のポイント

- パートタイマー全員が比例付与の対象者になるわけではありません。
- 「法律のとおり」という記載をすることも可能ですが、それでは従業員にはわかりません。正社員と違うこと、パートタイマーの中でも付与日数が違う場合があることを明記しておき、従業員に周知しておきましょう。

**根拠法令等**
労働基準法第39条第3項

**メモ**
※1 同様に、1日の所定労働時間がどんなに短くても、「週5日以上勤務」のパートタイマーの場合は、比例付与の対象者ではなく「正社員と同じ原則どおりの付与方式」が適用になります。

## ■「比例付与」とは

週の労働日数や労働時間が短い「パートタイマー」には、有休の特別な付与日数に関する基準があります。これを「有休の比例付与」と言います。**「パートタイマーに有休を与えない」のは法律違反**です。

「比例付与」の対象者については、パートタイマー、アルバイト、嘱託等の名称にかかわらず、次のように定められています。

| | | |
|---|---|---|
| 週所定労働時間30時間未満 | かつ | 週所定労働日数4日以下 |
| 週所定労働時間30時間未満 | かつ | 年間所定労働日数216日以下 |

## ■ パートタイマー＝比例付与対象者ではない

比例付与の対象者の条件をもう一度見てください。2つの条件いずれも「かつ」が入っている点がポイントです。週所定労働日数が4日以下のパートタイマーであっても、週所定労働時間が30時間以上の場合は、比例付与の対象者ではなく、正社員と同じ原則どおりの付与日数が必要になります（※1）。

## 📕 規定例

### 第○条　年次有給休暇

6. **週所定労働時間が30時間未満であって、週所定労働日数が4日以下または年間所定労働日数が216日以下の者**に対しては、次の表のとおり勤続年数に応じた日数の年次有給休暇を与える。

### ●比例付与日数

| 週所定労働時間 | 週所定労働日数 | 1年間の所定労働日数（週以外の期間によって労働日数が定められている場合） | 雇入れの日から起算した継続勤務期間の区分に応ずる年次有給休暇の日数 | | | | | |
|---|---|---|---|---|---|---|---|---|
| | | | 6ヵ月 | 6ヵ月到達後最初の基準日 | 2回目基準日 | 3回目 | 4回目 | 5回目 | 6回目以降 |
| 30時間以上 | | | 10日 | 11日 | 12日 | 14日 | 16日 | 18日 | 20日 |
| 30時間未満 | 5日以上 | 217日以上 | | | | | | | |
| | 4日 | 169日〜216日 | 7日 | 8日 | 9日 | 10日 | 12日 | 13日 | 15日 |
| | 3日 | 121日〜168日 | 5日 | 6日 | 6日 | 8日 | 9日 | 10日 | 11日 |
| | 2日 | 73日〜120日 | 3日 | 4日 | 4日 | 5日 | 6日 | 6日 | 7日 |
| | 1日 | 48日〜72日 | 1日 | 2日 | 2日 | 2日 | 3日 | 3日 | 3日 |

---

### 👉 ココもおさえる　契約の変更で所定労働日数が変わったとき

　パートタイマーの場合、何度目かの契約更新に際していずれかの事情により「所定労働日数」が変更になることがあります。こういう場合の対応は次のようになります。完全にリセットされるわけではありません。

(1) 勤続年数は継続します。
(2) 契約変更しても、すでに発生している有休日数は変わりません。
　　発生した有休日数はすでに確定された権利です。新契約が比例付与により日数が少なくなる内容でも、有休残日数が変わることはありません。
(3) 契約更新日以降は新しい契約内容が反映されます。

　契約更新日以降に有休を取る場合には、現在の契約内容が反映されます。変更前の所定労働時間が5時間、変更後が4時間の場合、変更前に発生（繰り越し）した有休であっても、現契約「4時間」の日に取った有休であれば、あくまでも「4時間」が有休時の賃金対象です。なお、次回の有休発生日には変更後の契約内容に応じた有休日数が付与されることになります。

# 8 年次有給休暇の「計画的付与」を利用する

会社が従業員の有休日を計画的に「指定」できる方法があります。年末年始休みや夏休みを計画的に有休取得日として活用しましょう。

## トラブル回避のポイント

- 就業規則に、「計画的付与が有効なこと（労使協定の締結）」と「決められた日に有休を消化しなくてはいけないこと（従業員の都合で変更できない）」を明記し、しっかり従業員に説明しておきましょう。「私の有休を会社が勝手に使った」という従業員の誤解・不満の原因にならないようにしましょう。

### 根拠法令等
労働基準法第39条第6項

### 重要
※1 計画年休に関する労使協定は労働基準監督署への届出は不要ですが、この労使協定が計画年休の「根拠」となりますので必ず締結・保管をしておきましょう。

### CHECK
※2 表のA、Bは具体的な付与日、Cについては対象期間（7月1日〜9月30日等）とその決め方、通知方法などを労使協定で決めておくことになります。日程は毎年変わるケースが多いのでどの方式であっても、1年（年度）ごとに労使協定を締結しておきましょう。

## ■ 夏季休暇などにも使える「計画的付与」

有休の消化率を高める目的で、労働基準法では「年次有給休暇の計画的付与」の制度が定められています（「計画年休」）。この制度により、労使協定（※1）で「有休を与える時季に関する定め」をすることで、有休日数のうち「5日を超える部分（**最低5日分は従業員自身の判断で取得できる日数を残しておくのが条件**）」については、労使協定の定めた日程で有休を与えることができ、会社が日にちを指定して「夏季休暇」などにあてることができます。

計画付与には大きく3つの実施方法があります。それぞれ「労使協定で定めておくべきこと」が異なります。（※2）

労使協定で計画的付与の時季を定めたら、その日は「従

### ●計画付与の実施方式

| | 実施方式 | 労使協定で定めること |
|---|---|---|
| A | 事業場全体の休業による一斉付与方式 | 具体的な年休付与日 |
| B | 班（グループ）別の交代制付与方式 | 班（グループ）別の具体的な年休付与日 |
| C | 年休計画表による個人別付与方式 | 年休計画表を作成する時期とその手続き |

業員の時季指定権」と「会社の時季変更権」、どちらも行使することはできません。一度決めたら原則としてその日程は動かせない、ということです。

　計画年休は年次有給休暇のうち「5日を超える部分」だけしか使えませんので、入社間もない場合や、すでに消化している場合など、5日以上の年次有給休暇を持っていない従業員には計画的付与できる有休がない、ということになるので気をつけましょう。付与日数を増やす等のフォローもなく、こうした従業員を計画年休で休ませてしまった場合、「会社都合の休業」をさせたことになり「休業手当」を支払う必要が出てきます。

### 規定例

第○条　年次有給休暇
7. 年次有給休暇について、会社は従業員の過半数を代表する者との間で取り交わした書面による**労使協定により**、各従業員の年次有給休暇の日数（前年度からの繰り越し分を含む）のうちの**5日を超える部分について、計画的付与の対象とすることがある**。この場合、各従業員はこの労使協定に定められた時季に年次有給休暇を取得しなければならない。

● 年次有給休暇の計画的付与：労使協定書の例（事業場全体一斉付与の例）

#### 年次有給休暇の計画的付与に関する協定書

株式会社□□と従業員代表○○○○とは、平成○○年度の年次有給休暇の計画的付与に関して次のように協定する。

第1条（目　的）
　就業規則第○条に基づき、年次有給休暇日数のうち5日を超える日数を対象として、夏季の一斉休暇を定める。
第2条（付与時期）
　1. 夏季一斉休暇期間は、下記のとおりとする。
　　平成○○年8月13日、14日、15日（3日分）
　2. 従業員はこの協定の定めるところにより、所定の年次有給休暇を取得しなくてはならない。
　3. 会社は、この協定に定められた年次有給休暇の計画的付与について、従業員から個別の申請がなくても、年次有給休暇の取得をしたものとみなす。
第3条（不足日数の取り扱い）
　従業員の年次有給休暇の残日数から5日を差し引いた残りの年次有給休暇が、前条第1項の期間の日数（3日）に満たない者については、不足している日数分を会社都合による休業とし、会社は労働基準法の定めによる休業手当を支払うものとする。
第4条（その他）
　この協定の内容に関わらず、業務遂行上やむを得ない理由で指定日に勤務しなくてはならない事態が発生した場合には、会社は従業員代表と協議の上、指定日を変更することがある。

　　　　　　　　　　　　　　　　　　　　　　　　　　　平成○年○月○日
　　　　　　　　　　　　　　　株式会社□□　代表取締役　○○○○　　印
　　　　　　　　　　　　　　　　　　　従業員代表者氏名　○○○○　　印

# 9 年次有給休暇「半日単位取得」と「時間単位取得」の違い

有休を分割取得できる2つの方法です。一見するとよく似ていますが、運用方法はそれぞれ異なります。自社に合った方法を上手に活用しましょう。

### トラブル回避のポイント

- 「半日単位取得」については就業規則で半日の定義を明確にしておきましょう。個々の対応にばらつきがなくなります。
- 「時間単位取得」を採用する場合には、労使協定と就業規則を常にセットにして取り扱いましょう。

**根拠法令等**
労働基準法第39条

**メモ**
※1 有休の半日単位取得については法律の定めはありません。ですから、必ず半日単位取得制度を導入しなくてはならないというわけではありません。

**CHECK**
※2 この労使協定について、労働基準監督署への届出は不要です。

## ■ 有休の「半日単位取得」とは

原則として、有休は「1日単位」で取得するものです。ですから、通常、従業員から年次有給休暇の「半日」請求があった場合でも、会社として半日単位に分割して与える義務はありません。しかし、"1日単位ではなかなか年次有給休暇が取得（消化）できない"というのも中小企業の現状です。

そこで登場するのが「有休の半日単位取得」です。これにより「半日（0.5日分）」の取得が可能です（※1）。あくまでも原則は「1労働日単位」の取得ですので、自社において「半日単位」での年次有給休暇を認める場合、"会社のルール"として就業規則に定めておく必要があります。

## ■ 半日単位の年次有給休暇を採用する場合の注意点

半日単位での有休を定める場合は**「半日の定義（半日をどこからどこまでで区切るか）」**を決めておくことがポイントになります。

例えば、午前9時〜午後6時（休憩：午後12時〜13時）

の8時間勤務の場合、区切り方は"労働時間の半分"という考え方だと4時間、"午前・午後"だと昼休憩時間の前後、ということになります。

半日を"労働時間の半分（4時間）"にすると労働時間の公平感はありますが、従業員が実際に利用するには「昼休憩（12時〜13時）を挟んで午前・午後を選べるほうがよい」というケースもあります。会社として、どちらを選んでもかまいませんが、どのように運用するかについては決めておき、就業規則に規定しておきましょう。単純に「半日単位で有休取得ができる」とだけ書かれていても、会社が考える「半日」と従業員が考える「半日」の範囲の認識が違っていると、トラブルの原因になってしまう危険があります。

■ 有休の「時間単位取得」とは

平成22年4月の労働基準法改正により、**労使協定を締結すれば、1年に5日分を限度として「時間単位」で有休を取得できるようになりました**（※2）。

この制度を導入することにより、一定の日数分については年次有給休暇を「日単位」で取得するか、「時間単位」で取得するか、従業員が自由に選択することができます。

ここで注意が必要なのは、**「時間単位の有休」制度は、先ほどの「半日単位の有休」制度とは"別の制度"である**ということです。法改正後も、半日単位取得の有休については取り扱いに変更はありません。この2つの制度はきちんと分けて考える必要があります。

■ 時間単位取得で労使協定に定める事項

①時間単位の年次有給休暇を与えることができるとされる対象従業員の範囲について

所定労働日数が少ないパートタイマーも、事業場で労使協定を締結すれば、時間単位で取得できるようになります。一部の従業員を「対象外」とする場合は、それが「事業の正常な運営」を妨げるときに限られます。また、取得目的などを限定することによって対象者の範囲を定めることはできません（「育児のため」等の限定をすることはできません）。

> **CHECK**
> 時間単位取得導入：検討時のポイント
> ・会社にとって、管理の煩雑さは否めません。
> ・「計画年休」を適用することはできません（会社で時間単位の有休を指定することはできません）。
> ・当日になってからの申請については会社の承認を必要とすることができます。なお、このときも取得単位は1時間（または労使協定で定めた時間）になりますので、30分の遅刻であっても、「1時間（または労使協定で定めた時間）分の取得」ということになります。
> 時間単位の有休について、「取得できない時間帯を設定すること」や「1日に取得可能な時間数を制限すること」はできません。

② **時間単位として与えることができる年次有給休暇の日数（「5日以内」に限る）について**

前年度からの繰り越しがある場合は、当該繰り越し分も含めて5日以内となります。すべての有休日数を時間単位で取得できるわけではありません。

③ **時間単位有休1日の時間数について**

「1日分＝何時間分の有休に当たるか」は、従業員の所定労働時間を基に決めることとされています。1日の所定労働時間につき1時間に満たない端数がある場合は、その1日の中で「時間単位に切り上げて」から計算します。

（例）1日の所定労働時間が「7時間30分」で「5日分」の時間単位有休の時間数を算出する場合、

**正しい** 1日8時間（に切り上げして）計算、8時間×5日分＝「40時間分」とする

**誤り** 7時間30分×5日分＝37時間30分、これを切り上げて、「38時間分」とする

なお、日によって所定労働時間数が異なる場合は、1年間（または雇用契約期間）における1日の平均所定労働時間数を基準に定めます。

④ **1時間以外の時間を単位とする場合の時間数について**

「○○分」等、1時間未満の単位は認められません。

●**半日単位取得と時間単位取得の比較**

|  | 半日単位取得 | 時間単位取得 |
|---|---|---|
| 法律の定め | なし | あり |
| 労使協定 | 不要 | 必要 |
| 限度日数 | なし（就業規則において定めることも可） | あり（1年度5日分まで。就業規則に定める場合も同様） |
| 1時間未満単位の取得 | 定めにより可（例：3時間30分） | できない |
| 計画的付与 | できない | |
| 組み合わせによる取得 | できない 例）半日＋2時間＝6時間→× | 時間単位内であればできる 例）2時間×3回＝6時間→○ |

## 規定例

**第○条　年次有給休暇**

8. 年次有給休暇は**半日単位での取得**をすることができる。ただし、半日単位の取得は1年度あたり○日を限度とする。半日単位での取得をした場合、始業・終業時刻は次のとおりとする。
　　午前休：午後1時～午後6時
　　午後休：午前9時～午後12時
9. 年次有給休暇は会社と従業員代表との**労使協定によって、時間単位での取得**を認めることがある。具体的な内容は労使協定の定めるところによる。

● 年次有給休暇の時間単位取得：労使協定書の例

### 年次有給休暇の時間単位取得に関する協定書

株式会社□□と従業員代表○○○○とは、平成○年度の年次有給休暇の時間単位取得に関して、次のように協定する。

**第1条（目　的）**
　就業規則第○条に基づき、年次有給休暇の時間単位取得（以下時間単位有休）について定める。

**第2条（対象者）**
　時間単位有休の対象者は、年次有給休暇を取得できる全従業員とする。ただし、業務になじまないと会社が判断した部署・従業員は除く。

**第3条（取得できる日数）**
　時間単位有休を取得できる日数は、1年度（毎年○月○日～○月○日）のうち「5日以内」とし、従業員の有する年次有給休暇の日数の範囲内とする。

**第4条（1日分の年次有給休暇に相当する時間数）**
　時間単位有休における1日分の年次有給休暇の時間数を8時間とする。ただし、1日の所定労働時間が8時間未満の者は1日の所定労働時間を分割の単位とする（1時間未満の時間については1時間に切り上げる）。

**第4条（取得単位時間数）**
　時間単位有休の取得は○時間単位とする。

**第5条（取得の方法）**
　就業規則第○条に定める年次有給休暇に関する事項に準ずる。
　当日の申請については、所属長からの承認がない限りこれを認めない。

　　　　　　　　　　　　　　　　　　　　　　　　平成○年○月○日
　　　　　　　　　　　　　　株式会社□□　代表取締役　□□□□　印
　　　　　　　　　　　　　　　　従業員代表者氏名　○○○○　印

# 10 「当日申請」「退職時」「再雇用時」の年次有給休暇の注意点

間違いやすい「当日の申請」「退職時の取り扱い」「再雇用後の付与日数の計算」について、注意点を確認しましょう。

### トラブル回避のポイント

- 有休に関する勘違いやそれにともなって起こるトラブルは多くあります。トラブルになりやすい事例とその対策を確認しておきましょう。
- 特に有休のトラブルが起こりやすいのが「退職時」です。「まとめ取得」は会社としては確かに困りますが、一方的にこれを拒否することはできません。

**根拠法令等**
労働基準法第39条

**メモ**
※1 年次有給休暇の買い上げの予約(約束)をし、これに基づいて請求し得る年次有給休暇の日数を減らしたり、請求された日数を与えないことは、本条違反になります(行政通達)。

**メモ**
※2 8章5項参照

**メモ**
※3 本章4項参照

### ■「当日の朝」になって有休の申請をされた場合

従業員の自己都合による理由で「当日」になってから「今日は有休で休ませてください」という連絡があった場合、会社はこの有休取得を認めなくてはならないのでしょうか。結論的には「認める必要はありません」。

有休は「1労働日を単位」とする付与を規定しています。この「1労働日」とは0時から24時までの「暦日24時間」を指しています。"当日の朝"の申請だと、「事前申請」もされていませんし、24時間を単位とする「1暦日」の有休を付与することもできないからです。

当日の朝の有休申請を認める場合、あくまでも**会社が判断する旨と事後の手続方法をルール化**しておきましょう。

### ■ 有休の「買い上げ」をどう考えるか

有休の目的はあくまでも「従業員に休養を与える」ことです。厚生労働省の通達でも、有休買い上げの予約(約束)は違法行為であるとされています(※1)。

例外として「**会社が法律で定められている日数より多く**

有休を認めている場合」や「時効（2年）や退職により消滅した（する）分について買い上げる場合」は、その分についての買い取りが可能です。

■「退職時のまとめ有休取得」を認めるか

　有休の取得は従業員の権利ですので、「退職前にすべて消化する」と主張されたらこれを認めるしかありません。退職時に従業員からこの話が出た場合には「退職時の買い上げ」も含めて、従業員としっかり話し合いをしましょう。

　有休は最大で40日分の未消化が考えられます。これを全消化するまで在籍させると、その間についても社会保険料が発生し、他の従業員に業務負担がかかっていき、残業が増え、結果として経費増になることが考えられます。

　さらに、他の従業員も、同じように"退職時まとめ取得"をする、という悪循環が起こっていくのです。

　一番の予防策はやはり「しっかり消化させていく」こと。計画的付与や半日単位取得・時間単位取得などをうまく組み合わせていくのがポイントです。

　現場としては「退職の意思表示をしたにもかかわらず、引き継ぎもせず有休消化している」というのが一番困ります。あくまでも会社が指示するレベルでの「引き継ぎ」を行うことを退職時の条件として、これがきちんと行われない場合には退職金の減額を行うことなども検討してルール化（就業規則に定め）をしておきましょう（※2）。

■「再雇用時の勤続年数」はどう考えたらよいか

　一度定年退職し、同じ会社に「再雇用」されるとき、再雇用後の有休の計算（勤続年数の考え方）はどうなるのでしょうか。

　「再雇用というのは、一度会社を退職して新たな契約を結んでいるのだから、勤続年数はリセットされるんじゃないか？」と思われるかもしれません。しかし、**通達では定年により一度退職したとしても、再雇用されている場合には「同じ使用者の元で"継続勤務"している」として勤続年数を通算する**ことになっています。これはパートタイマーから正社員に従業員群が変わった場合と同様です（※3）。

# 11 裁判員制度への対応方法

いざというときに慌てなくて済むように、必要な報告・手続き方法、提出する証明書類、休暇中の取り扱いなどをしっかりルール化しましょう。

### トラブル回避のポイント

- 公民権の行使については有給か無給かを明記しておきましょう。
- 「裁判員制度」休暇については条文以前に「会社としてどう取り扱うのか」をしっかり検討しておくことが重要です。そうしておくことで、会社としても素早く対応ができ、従業員も安心です。

**根拠法令等**
労働基準法第7条

**メモ**
※1 会社側の対応として、「裁判員休暇規定」を別途定めず、「公民権の行使の規定」に当てはめて考えることも可能ですが、今後を見据えて個別に規定をしておきましょう。

## ■ 公民権の行使とは

　公民権というのは選挙投票や裁判員制度への参加など、国民・市民としてすべての成人が持つ権利です。「勤務時間中（所定労働日）であっても」その権利を行使する時間を確保するルールが労働基準法で定められています。

## ■「裁判員休暇」を定める

　従業員から「裁判員として呼ばれたので会社を休みたい」と申出があった場合、それを拒否（行かせない）することはできません。事前にそうなったときの対応を就業規則に定めておくと、いざというときに慌てずに済みます（※1）。
　会社は従業員が裁判員制度への参加により途中で抜ける（休む）ことを拒否することはできませんが、その時間分の賃金を支払う義務はありません（もちろん通常勤務として賃金を支払ってもかまいません）。
　「裁判員休暇」の規定を定める場合、「休暇中の賃金をどうするか」は大きなポイントです。「無給」、「通常の賃金支払いを行う」とすることもできますし、裁判員制度参加時

には一定の"日当"が払われますので、「通常の賃金と日当との差額を支払う」という対応にすることも可能です。

### 📕規定例

**第○条　公民権の行使**
会社は、従業員が選挙権その他公民としての権利を行使し、または公の職務を執行するために必要な時間を請求したときには、その時間を与える。ただし、従業員の権利の行使または公の職務の執行に妨げがない限り、会社は請求された時刻を変更することができるものとする。また、この時間については無給とする。

**第○条　裁判員休暇**
1. 従業員が以下の各号のいずれかに該当し、当該従業員から請求があった場合、会社は裁判員休暇を付与する。
   (1) 裁判員候補者または選任予定者として通知を受け、裁判所に出頭するとき
   (2) 裁判員または補充裁判員として選任を受け、裁判審理に参加するとき
2. 裁判員休暇の付与日数は、裁判員候補者や裁判員等として裁判所に出頭するために「必要な日数」とする。
3. 裁判員休暇期間中は、所定労働時間に労働した際に支払われる通常の賃金を支給する。
4. 裁判員休暇を取得する際には、**事前に所定の様式により会社に申請し、必要な業務の引き継ぎをしなければならない。**
5. 裁判員候補者として裁判員等選任手続の期日に出頭した際、または、裁判員として職務に従事した際には**出社後遅滞なく、裁判所が発行する証明書等を提出しなければならない。**

### 👆ココもおさえる　裁判員休暇のポイント

- 必要な報告方法、手続き方法、提出する証明書類（裁判所発行の証明書など）もしっかりルール化しておきましょう。
- 裁判員制度では必要な日数（数日）を休むことになりますが、その間の引き継ぎについても定めておくと万全です。
- 裁判員になったこと、裁判員休暇を取得したこと等を理由に、その従業員に対して不利益な取り扱いをすることは禁じられています。

# 12 「特別休暇」のルールを定める

従業員に「結婚に関する休暇」などを気持ちよく取ってもらうために、取得ルール（対象者、対象期間等）を明確にしましょう。

## トラブル回避のポイント

- 特別休暇が「有給か無給か」は大きなポイント。労働基準法にはその決まりがないので、「会社のルール」をしっかり定めておきましょう。
- 特別休暇の取得条件も盲点になりやすいので注意。この条件を細かく決めておくことで、会社と従業員との解釈の違いを防ぐことができます。

**CHECK**
※1 特に、④の「結婚に関する休暇と本来の休日との関係」には注意。結婚休暇を「5日」としている場合、休日（週休2日の場合）とうまく並べれば結果的にトータルで「7日間」休むことがあるのだ、ということを会社側が想定しておく必要があります。事前にしっかりと確認しておきましょう。

### ■ 特別休暇については会社のルール決めが命

多くの会社で適用されている「特別休暇」（主に「慶弔休暇」）。年次有給休暇とは異なり、特別休暇を与えることは法律上の義務ではありません。**法律上の制限がないので、就業規則での取り決めがその会社のルールとして扱われることになります**。特別休暇は次の4点について必ずルール決めをしておきましょう（※1）。

① 「取得可能な従業員の範囲（対象者）」
② 「連続」取得限定なのか、「分割」取得可能なのか
③ 「取得期間の制限」はないのか
④ 「通常の休日と重複した場合」はどのように扱うのか

例えば、"結婚に関する休暇"。

「結婚してからすぐに取るもの」というのが一般的なイメージかもしれませんが、"期限"がどこにも書いていなければ、「結婚10年後でも申請できる」と解釈することができます。

また、「結婚したとき」の定義自体も不明確です。「入籍した日」が一般的なイメージかもしれませんが、"結婚に

関する休暇"の意味付けから考えれば「結婚式の日」や「夫婦で一緒に生活を始める日」などを基準に休暇取得を希望する従業員がいるかもしれません。

これらの点について、客観的な判断ができない就業規則の定め（条文）では、従業員と会社との間で理解が食い違い、トラブルの原因となってしまいます。

従業員の福利厚生のひとつである慶弔休暇が、「従業員の不満の種」にならないように、しっかりルール決めをしておきましょう。

### 規定例

第○条　特別休暇

1. **正社員が次の事由により休暇を申請した場合は、次の日数を限度として特別休暇（有休）を与える。この休暇を取る場合は、事前か事後に所定の様式により所属長へ届出を出さなければならない。**
   (1) 本人の結婚：○日
   (2) 妻が出産のとき：○日（出産日の近隣日）
   (3) 父母（配偶者の父母を含む）・配偶者・子の死亡：○日
2. 前項（1）の結婚に関する休暇については、**入籍日または結婚式の日から○ヵ月以内の期間に取得する**ものとする。また、当社において本人の結婚休暇の取得は従業員1人につき1回限りとする。前項（2）（3）の出産・死亡に関する休暇については、事由発生の近隣日に取得するものとする。
3. 会社は特別休暇取得者に対して、事前もしくは事後すみやかに事実を知るに足る書類もしくはこれに代わるものの提出を求めることがある。
4. **特別休暇はその日数を分割せず、連続して与えるものとする。なお、その日が本規則に定める休日にあたる場合には、当該休日も特別休暇日数に含めるものとする。**

### ココもおさえる　特別休暇の「虚偽申請防止」

特別休暇制度を悪用し、虚偽の請求によって「ズル休み」されては困ります。就業規則で「懲戒ルール」を整備し、虚偽が判明した場合には、その人にきちんと罰を与えましょう。それが虚偽申請の防止にもつながります。

# 6章 休職制度

1. 在籍のまま就業を免除する「休職制度」を定める
2. 会社の状況に応じて「休職期間」を定める
3. 「休職期間中」について事前に定めておくべきこと
4. 「復職」の判断方法を明記する
5. 「産前産後休業」は時期による取り扱いの違いがポイント
6. 「育児休業」の整備で仕事と育児の両立をサポート
7. 「子の看護休暇」と「育児短時間勤務制度」等の整備
8. 「介護休業」で"仕事と介護の両立"をサポートする

# 1 在籍のまま就業を免除する「休職制度」を定める

休職制度を活用することにより、いざというときに従業員は安心して休めます。法令による定めがないので、就業規則でのルール化がとても重要です。

## 従業員のやる気アップのポイント

- 休職制度は法令で会社に義務付けられているものではありませんが、従業員の定着率アップに一役買うもの（福利厚生の一環）です。
- 休職制度について、まずは「どのような人が対象となり」「休職の開始日がいつになるのか」から定めていきましょう。

**! 重要**
※1 休職制度の規定を定める際のポイントは、①休職事由（対象者）、②休職期間、③復職条件の3つです。

**メモ**
※2 規定例にもあるように、休職は「会社が命じる」ものです。従業員が一方的に請求したり、自動的に発生したりするものではありません。この点は就業規則でも明確にしておきましょう。

### ■ 休職制度とは

「休職制度」とは、従業員が病気やケガ、または個人的な理由により長期間働くことができなくなった場合に、会社が、その従業員の籍を一定期間確保し、働くことを免除する制度です。

休職制度については法令でこうしなければならないという定めはありません。**会社が自由に定めることができます。**つまり、「休職制度なし」とすることも可能なのです。しかし、多くの会社では休職制度を定めています。それは、もし従業員が何らかの理由で働けなくなった場合でも、すぐに退職扱いとはせず、一定の期間在籍のまま従業員の職場復帰（回復）を待つという、福利厚生としての役目があるからです。休職制度があることで従業員は安心して働けます。会社にとっても、休職の条件や期間等を明確にしておくことで、むやみに長期間の休職を与える必要がなくなります（※1）。なお、休職制度を導入するには、職場のルールとして就業規則に「休職」の規定を定めておく必要があります（※2）。

## ■ 重要な「休職事由」と「休職開始日」

休職制度について定めるとき、最初に明確にしておかなくてはならないのが**休職事由（どのようなときに休職となり得るのか）**です。他のルールと同様、対象者を明確に定めることが最初の一歩になります。あわせて、**休職開始日（いつから休職が始まるのか）**をはっきりさせておきましょう。休職開始日があいまいになっていると、当然、休職期間満了日もあいまいになってしまいます。会社と休職をしている従業員の認識の違いから、トラブルに発展してしまう危険性があるのです。

なお、下記規定例（1）の場合、休職の開始日は「私傷病により最初に欠勤した日から1ヵ月経過した日」です。私傷病で休み始めた1日目が休職開始日となるわけではありませんので注意しましょう。

### ●規定例（1）で、4/11から私傷病欠勤した場合

| 4/11 | 1ヵ月 | 5/11＝休職開始日 |
|---|---|---|
| 私傷病による欠勤初日 | 私傷病欠勤 | 1ヵ月以上欠勤（1ヵ月経過した日） 休職期間 |

### 📕 規定例

**第○条　休職**

会社は勤続○年以上の正社員が以下の事由に該当した場合、休職を命ずる。ただし、休職期間満了時までに病気やケガ等が治らない（完全な労務提供ができるまでに回復する可能性が低い）と会社が判断した場合を除く。

(1) 従業員が業務外の傷病（精神的疾患を含む。以下「私傷病」という）により、継続・断続を問わず、1ヵ月以上（所定休日を含む）欠勤したとき
(2) 従業員本人から休職の申し出があり、会社がそれを許可したとき
(3) 出向により関連会社等に勤務するとき
(4) 大学等に留学等をするとき
(5) その他会社が必要と認めたとき

## 2 会社の状況に応じて「休職期間」を定める

休職期間は勤続年数や会社の状況に応じて期間を定めていくことが重要です。休職期間を定めるときのポイントをおさえましょう。

### トラブル回避のポイント

- 休職期間は会社によって1ヵ月から、中には数年というケースもあります。
- 同一・類似の疾病により休職が繰り返される場合を想定して、休職期間の「通算」規定は必ず定めておきましょう。

> メモ ▶
> ※1　ただし、解雇予告の規定に抵触することがないように、期間は最低でも1ヵ月以上にしておきましょう。解雇予告については9章参照。

> メモ ▶
> ※2　本章3項「規定例」4項参照

### ■ 休職期間の定め方

休職期間（長さ）は会社が自由に定めることができます。特に私傷病による休職期間については、勤続年数等に応じて期間を定めることが一般的です。

会社としては「貢献度の高い従業員には休職期間を長くして、何とか復職して欲しい」と思うことが多いのではないでしょうか。反対に、「入社間もないのにいきなり休職されては会社として困る」というケースも考えられます。

そのような場合、**勤続年数の長さに応じて休職期間を長く設定したり、勤続1年未満の場合は休職制度の対象外としたりすることができます**（規定例参照）。

また、休職者がいる期間中は、休職者以外の従業員にその分業務負担がかかることになります。休職期間をあまり長くしてしまうと、休職者がいない分を他のメンバーでフォローできなくなってしまう（または不満が出てきてしまう）ことも考えられます。**自社で従業員が休職した場合に、本当に対応できる期間であるかを十分に検討した上で、就業規則に定めることが大切です**（※1）。

## ■「通算」規定を設ける

最近では精神的疾患による休職が増えています。精神的疾患による休職の場合、一度会社に復職しても、しばらくしてから症状が再発し、再び出勤が困難になる、ということがあります。休職と復職を繰り返す期間が長くなると、他の従業員へも悪影響が出てしまうおそれがあります。このような事態に対応できるように、休職期間の「通算」規定を設けておきましょう（※2）。

### 📕 規定例

**第○条　休職期間**

1. 会社は従業員が休職する場合、休職となった日を始期として、次の期間を限度として休職期間を定める。
   ・前条1項（私傷病）の場合：下記の表のとおり

   | 勤続年数 | 休職期間 |
   |---|---|
   | 勤続1年未満 | 対象外 |
   | 勤続1年以上5年未満 | ○ヵ月 |
   | 勤続5年以上 | ○ヵ月 |

   ・前条2～4項（私傷病以外）の場合：会社が指定した期間
2. 前号の規定にかかわらず、会社が特に必要と認める場合は期間を延長することがある。

### 👉 ココもおさえる　私傷病休職中は傷病手当金の申請を視野に入れる

傷病手当金とは健康保険の給付のひとつで、被保険者（従業員）が業務外の病気やケガのために会社を休み、会社から十分な賃金を受けられない場合に、その生活を保障するために設けられている制度です。

＜支給期間＞休職期間中、最長1年6ヵ月間
＜支　給　額＞1日当たり、標準報酬日額の3分の2相当額
＜支給条件＞①療養のためであること　②労務に服することができないこと
　　　　　　③継続した3日以上休んでいること　④賃金を受けていないこと
　　　　　　……①～④の条件をすべて満たせば、欠勤4日目から支給されます。
＜申　請　先＞管轄の全国健康保険協会各支部または健康保険組合

# 3 「休職期間中」について事前に定めておくべきこと

休職期間中の賃金、勤続年数の取り扱い、社会保険料の立替払いなどのルールを決めておきましょう。

## トラブル回避のポイント

- 休職期間の長さに応じ、賃金、勤続年数、社会保険料などに関する休職期間中の取り扱いを具体的に明示しておきましょう。
- 休職期間中で一番重要なのは休職中の従業員の状況把握です。そのためにも状況報告のルールや緊急連絡先等はきちんとおさえておきましょう。

**CHECK**
※1 6章2項「ココもおさえる」参照

**メモ**
※2 休職期間中の社会保険料(本人負担分)徴収方法としては、「毎月会社が立て替え、毎月従業員に請求し、指定日までに支払ってもらう」方法と、「休職期間中は会社が立て替え、復職後本人から一括徴収する」といった方法があります。

### ■ 賃金の注意点

　休職期間中、有給にするか無給にするかは会社が決めることができます。私傷病の休職は無給、会社都合による場合は有給としているケースもあります。なお、賃金が支払われた場合、健康保険の「傷病手当金」(※1)の支給額が減額される場合もあるので注意が必要です。

### ■ 勤続年数の注意点

　昇給や賞与、退職金の算定など、「勤続年数」は多くの場面で算出基準に使われます。したがって、休職期間をこの勤続年数に含めるかどうかは大きな意味を持ちます。

　会社の考え方や休職事由ごとに違いますが、会社の裁量により「私傷病による休職期間は勤続年数に算入しない」「会社都合による休職期間は算入する」としてよいでしょう。

### ■ 社会保険料の注意点

　私傷病などによる休職期間について、社会保険料(健康

保険・厚生年金保険など）は免除されません。つまり、被保険者として加入している限り、休職中の従業員に賃金が支払われなくても通常時と同じように本人も会社も社会保険料を納めなくてはならないのです。

そこで、休職期間中の社会保険料の従業員負担分の徴収方法についても就業規則等で定めておきましょう（※2）。

### 📙 規定例

**第○条　休職期間**
3. 休職期間中は**無給**とする。
4. 休職期間は**勤続年数に算入しない**。
5. 休職期間中も社会保険被保険者資格は継続する。休職期間中の社会保険料の従業員負担分については、対象者は毎月、会社の指定期日までに指定口座に指定金額を振り込むものとする。
6. 休職期間中は原則として○ヵ月ごとに主治医または会社指定医師の診断書を提出するものとする。この診断書の費用は本人負担とする。
7. 休職者は毎月○日を目途に、会社に対して電話またはメールで体調等の報告を行わなければならない。休職期間中は、療養に専念するものとするが、療養やリフレッシュを目的として自宅を留守にする場合であっても、定時連絡に支障がないようにしなければならない。

### 👉 ココもおさえる　休職期間中の「経過報告」

- 療養中の報告義務や緊急時の連絡先等は会社としてもしっかり確認しておきたい事項です。従業員の療養状況を会社が常に把握するためにも「定期的に主治医の診断書や会社指定医師の診断書を提出すること」を就業規則に定めておきましょう。従業員の負担も考慮し、報告の頻度があまり多くなり過ぎないように注意しましょう。
- 医師の診断書の作成費用についても、あらかじめどちらが負担するかを明確にしておくことで後々のトラブル防止になります。

## 4 「復職」の判断方法を明記する

復職の際には「休職前と同程度の業務遂行ができるかどうか」が基準になります。復職の判断を「誰が」「どのように」行うのかが重要です。

### トラブル回避のポイント

- 復職の判断は休職者の面談、主治医や会社指定医師の診断等、様々な情報を集めた上で「会社が」判断を行う旨を定めましょう。
- 休職期間の満了日までに復職できない場合は、「自然退職（条件に該当した場合、当然に退職）」とすることを定めましょう。

> **メモ**
> ※1 特に「精神的疾患（メンタルヘルス不全）」の場合はケガと違って明確に目に見えないので判断が難しくなります。場合によっては、休職者が主治医に「復職できる内容の診断書」の作成を依頼していることも考えられます。

> **CHECK**
> ※2 解雇とした場合、客観的・合理的な理由や30日以上前の解雇予告（または平均賃金30日分以上の解雇予告手当の支払い）が必要となります。

### ■ 復職は「誰が」判断するのか

「復職」とは休職後、休職の原因となった病気やケガ等（休職事由）が消滅し、元の職場に復帰することです。

復職に関して重要なのは、復職の最終判断を「誰が」行うかです。**休職を命令するのが「会社」であったように、休職を終了して復職を決定するのも「会社」です。**それを必ず就業規則に明記しておきましょう。

### ■ 復職は「どのように」判断するのか

従業員の復職に際し、主治医の診断書は重要な判断材料になります。ただしその提出された診断書をもって判断するものではありません。提出された診断書の内容からだけでは、休職前と同じ業務に復職できるかの判断が難しい場合があるからです（※1）。判断が難しい場合には「主治医と面会し、診断書の内容やどのような業務であれば復職可能であるか等、具体的な意見を聴く」「主治医の他に会社の指定医の検診を受けてもらう」などの対応をした上で判断することが必要となります。

## ■ 休職期間の満了

「休職期間を満了しても復職できない」と会社が判断した場合、原則として退職してもらうことになります。この場合の退職については解雇ではなく、「自然退職」とする旨を定めておきましょう（※2）。

### 規定例

**第○条　復職**
1. 復職後は原則として休職前の部署や職種に復帰する。ただし、必要に応じて他の部署や職務に配置することもある。
2. 休職期間満了までに休職事由が消滅したときは、従業員はすみやかに復職願いを提出しなければならない。また、病気やケガなどの場合は、**主治医の診断書**をあわせて提出するものとする。なお、会社が特に必要であると判断した場合、**会社の指定医**の診断書を提出しなくてはならない。これらを総合的に勘案し、会社が復職の可否を判断する。
3. 休職した者が、**職場復帰後○ヵ月以内に同一ないし類似の傷病事由により、再度欠勤した場合は、欠勤開始日より休職とし、休職期間は復職前の期間と通算する。**
4. 休職を命じられた者が、休職期間満了時に復職できないときは、**休職期間満了日をもって自然退職**とする。

### ココもおさえる　復職判断のポイント

復職を判断する際には、「病気やケガが治り、休職前と同レベルの業務が遂行できるかどうか」がポイントになります。具体的には次のような点に留意して判断をしましょう。

①会社が定めた出社時刻までに通勤できること
②会社が定めた就業時間の勤務が可能であること
③業務に対して必要となる注意力と集中力が回復していること
④読む能力・書く能力・話す能力が休職前程度あること
⑤1日の疲労が翌日には回復できるまでの体力を備えていること

## 5 「産前産後休業」は時期による取り扱いの違いがポイント

産前産後休業とは、負担の大きい妊娠終期〜出産直後の「母体保護」を目的に、女性従業員の出産前後に設けられている休業期間です。

### 従業員のやる気アップのポイント

- 産前産後休業は産前6週間産後8週間の休業期間です。産前と産後とで取り扱いが違う点をおさえて対応することが重要です。
- 産前産後休業は労働基準法に定められた休業です。よって、この休業期間を会社の就業規則で法令より短く定めることはできません。

**根拠法令等**
労働基準法第65条

**メモ**
※1 双子などの多胎妊娠の場合14週間

**メモ**
※2 出産日当日は"産前"に含まれます。

**CHECK**
※3 流産・死産の場合の考え方は、通達において「出産は妊娠4ヵ月以上(1ヵ月は28日として計算)の分娩とし、死産をも含む」とされており、この条件に該当すれば産前産後休業の対象者となります。なお、妊娠4ヵ月以後に行った妊娠中絶については産後休業のみ適用となります。

### ■ 産前と産後、取り扱いの違い

産前産後の休業についておさえておきたいのは**「請求があれば就業可能なのか、請求があっても就業させてはいけないのか」**という点です。法令に定めがある内容ですが、就業規則に明記されていれば従業員も安心です。

| | |
|---|---|
| 産前6週間(※1) | 原則は「就業可能」。<br>「請求」があれば、就業させてはならない。さらに、「請求」があれば、他の軽易な業務に転換させなければならない。 |
| 産後8週間<br>(産後6週間以内) | 「絶対休業」。<br>「請求」の有無にかかわらず、就業させてはならない。 |
| 産後8週間<br>(産後6週間経過後) | 原則は「休業」。<br>「請求」があり、かつ、医師が支障ないと認めた場合は就業させてもよい。 |

### ■ 産前と産後、どこを基準に考える?

"産前"については「出産予定日」、"産後"については「実際の出産日」を基準に考えます(※2)。結果的に出産予

定日よりも実際の出産が遅れた場合、その分産前休業の期間は長くなることになります。必要であればこうした事項も補足説明として就業規則に定めておくと、従業員にとってもよりわかりやすくなるでしょう（※3）。

### 規定例

**第○条　産前及び産後休業**
1. 女性従業員で6週間以内に出産する予定の者から請求があったときは、産前休業を与える。ただし、多胎妊娠の場合は、出産予定日以前14週より、休業を請求し開始することができる。
2. 産後8週間を経過しない女性従業員は、就業することはできない。ただし、産後6週間を経過し、本人が就業することを請求し、医師により支障がないと認められた場合は、職場復帰をすることができる。
3. 産前産後休業期間の賃金は無給とする。
4. 出産は妊娠4ヵ月以上（1ヵ月は28日として計算）の分娩とし、流産、死産を含むものとする。

### ココもおさえる　働く女性の母性健康管理措置、母性保護規定について

法令において、女性労働者の妊娠・出産前後に事業主が講ずる措置が定められています。これらの事項についてもあらかじめ就業規則を整備し、具体的な取り扱いや手続きを明確にしておくことで、実際に対象者が出た場合にもスムーズに対応することができます。

| 母性健康管理措置（男女雇用機会均等法） |
| --- |
| ①健康指導または健康診査を受けるための時間の確保 |
| ②指導事項を守ることができるようにするための措置<br>　（勤務時間の変更や勤務の軽減等の措置） |
| ③母性健康管理指導事項連絡カード |
| ④妊娠・出産等を理由とする不利益取り扱いの禁止 |

| 母性保護規定（労働基準法） |
| --- |
| ①産前産後休業　　②妊婦の軽易業務転換 |
| ③妊産婦等の危険有害業務の就業制限 |
| ④妊産婦に対する変形労働時間制の適用制限 |
| ⑤妊産婦の時間外労働、休日労働、深夜業の制限　　⑥育児時間 |

# 6 「育児休業」の整備で仕事と育児の両立をサポート

育児休業とは原則として1歳に満たない子を養育するために取得する休業です。法改正の内容も考慮したルールを就業規則に定めておく必要があります。

## 従業員のやる気アップのポイント

- 育児休業は、従業員が会社に「申出」をすることがスタートです。自動的に発生する休業ではありません。
- 対象者の範囲や申出方法、その後の対応方法などがわかるように就業規則の中で明記しておきましょう。

**根拠法令等**
育児・介護休業法第5条～第9条

**メモ**
※1 契約上「期間雇用契約」であっても、実質的に期間の定めがない契約と異ならない場合は育児休業取得対象者になり得ます。

**メモ**
※2 平成24年7月1日より、これまで中小企業(従業員数100人以下)への適用が猶予されていた「所定外労働の制限」に関する制度が中小企業にも適用になります。3歳に満たない子を養育する従業員が申し出た場合には、事業主は所定労働時間を超えて労働させてはいけません。

## ■ 育児休業とは

「**育児休業**」**とは従業員が原則として1歳に満たない子を養育するために取得する休業**を言います(空きがなくて保育園に入れないなどの事由がある場合には1歳6ヵ月まで延長可能)。育児休業の申出ができる従業員は、原則として、日雇いと一部の期間雇用従業員(※1)を除くすべての男女労働者ですが(規定例1項参照)、労使協定を締結することにより、さらに一定範囲の従業員を対象から除外することができます(規定例2項参照)。

## ■ 平成22年に施行された育児・介護休業法の法改正

平成21年に「育児・介護休業法」の法改正が行われ(平成22年施行)、主に次のような点が変更になりました。

- 「**配偶者が専業主婦(夫)**」であっても、育児休業を取得することができるようになりました。
- 母親の**出産後8週間以内に父親が育児休業を取得した場合**、その父親は特殊な事情(配偶者の死亡等)がなくても**理由を問わず育児休業を再取得することができる**よう

になりました。
- 法改正により「パパ・ママ育休プラス」と呼ばれる制度が創設されました。以前は育児休業を取得できるのは、(保育園に入れないケースなどを除き)あくまでも子が「1歳」に達するまでの間でしたが、**父親と母親がともに育児休業を取得する場合に限り、子が「1歳2ヵ月」**に達するまで育児休業を取得することができるようになりました（合計期間には上限があります。規定例3項参照）。

必ず法改正にあわせた就業規則や労使協定の見直しを行いましょう（※2）。育児休業制度のイメージは本章8項（158ページ）を参考にしてください。

### 規定例

**第○条　育児休業**

1. 日雇い以外の従業員であって、**1歳（育児・介護休業法で定める特別の事情がある場合には1歳6ヵ月）に満たない子を養育**するための必要がある者は、会社に申し出て育児休業をすることができる。ただし、期間雇用従業員は、申出時点において、次のいずれにも該当する者を対象とする。
    ①入社1年以上であること
    ②子が1歳に達する日を超えて雇用関係が継続することが見込まれること
    ③子が1歳に達する日から1年を経過する日までに労働契約期間が満了し、更新されないことが明らかでないこと
2. 以下の従業員については、従業員代表との労使協定により、育児休業対象者から除外することができる。
    ①入社1年未満の従業員　②週の所定労働日数が2日以下の従業員
    ③申出の日から1年以内に雇用関係が終了することが明らかな従業員
3. 従業員の**配偶者が育児休業を取得している**（子が1歳になる前に限る）場合、従業員は、育児休業期間（母親の場合、産後休業期間もあわせて）**合計1年を上限として、子が「1歳2ヵ月」に達するまでの間**において育児休業を取得することができる。
4. 育児休業の申出は休業開始希望日の**1ヵ月前**までに行うこと。
5. 育児休業期間中の賃金は**無給**とする。

## 7 「子の看護休暇」と「育児短時間勤務制度」等の整備

小学校に入る前の子供を安心して育てられるように、子の看護休暇と育児短時間勤務制度等が設けられています。

### 従業員のやる気アップのポイント

- 「子の看護休暇」について会社は時季変更権を行使することができません。
- ①育児短時間勤務制度、②所定外労働免除については「3歳まで」必ず実施する必要があります（中小企業は平成24年7月1日より）。

**根拠法令等**
育児・介護休業法第16条の2、第16条の8、第23条第1項、第24条第1項

**メモ**
※1 子の看護休暇の申し出ができる従業員は、日雇いを除くすべての従業員で、期間雇用者も対象です。労使協定を締結すれば、一定の従業員を対象者から除外することができます。

**メモ**
※2 子が3人以上であっても「年10日まで」ということです。

**メモ**
※3 平成24年6月まで、中小企業は適用を免除されています。

**メモ**
※4 努力義務とは「○○するよう努める」と法令で定められた事項で、強制的な実施義務はありません。

### ■ 子の看護休暇とは

「子の看護休暇」は、小学校に入る前の子供を育てている従業員が、熱を出したりケガをした子供の面倒をみるために取る休暇です（※1）。**子が1人であれば1年度に5日まで、2人以上であれば同10日まで**（※2）、自分から申し出て会社を休むことができます。会社は、子の看護休暇について「無給」とすることもできますが、業務の繁忙等を理由に子の看護休暇の申出を拒むことはできません。

### ■ 育児のための勤務時間短縮等の措置

育児休業や子の看護休暇以外にも、育児・介護休業法には従業員の勤務時間を短縮するなど「労働時間を調整」して仕事と育児の両立をしやすくする施策が設けられています（※3）（次ページ表参照）。

平成22年施行の法改正前、会社は①～⑥いずれかひとつを導入することが義務となっていましたが、法改正により、①②はいずれも子が3歳になるまで導入することが義務となり、かつ、③～⑥はいずれかひとつを導入することが努力義務となりました（※4）。

● 育児に関する勤務時間の短縮等（育児・介護休業法改正後）

| 制度の種類 | 主な内容・例 | 義務or努力義務 |
|---|---|---|
| ①育児短時間勤務制度 | 1日の所定労働時間を1日6時間とする | ①②についてはいずれも導入しなくてはならない<br>●子が3歳になるまでは 義務<br>●子が3歳以降、小学校に入る前までは 努力義務 |
| ②所定外労働の制限 | 対象者から請求があれば所定外労働（残業）免除 | |
| ③フレックスタイム制度 | 対象者が自分の判断で始業・終業時刻決定 | ③〜⑥について、いずれかひとつの制度を導入する<br>●子が小学校入学前まで 努力義務<br>※業務の性質上「育児短時間勤務」で対応するのが難しい業務を行う従業員を「育児短時間勤務」の対象外とした場合、子が3歳になるまで③〜⑥いずれかを講ずる 義務 |
| ④始業・終業時刻の繰り上げ・繰り下げ | 時差出勤等 | |
| ⑤保育施設の設置運営、これに準ずる便宜提供 | 自社で行う／他社に費用を払って行う等 | |
| ⑥育児休業に準ずる制度 | 育児休業をベースに、手続き等を会社独自ルールで運用する等 | |

（中小企業においては平成24年7月から適用）

📕 規定例

**第○条　子の看護休暇**
1. **小学校就学前の子を養育する従業員（日雇いを除く）**が、子の病気やケガの看護のために会社に申し出た場合、**1年度に5日（子2人以上の場合10日）を限度**として、子の看護休暇を取得することができる。なお、**1年度**とは、○月○日から○月○日までの期間とする。
2. 以下の従業員については、従業員代表との**労使協定**により対象から除外することができる。
   ①**入社6ヵ月未満**の従業員　②**週所定労働日数が2日以下**の従業員
3. 子の看護休暇は**無給**とする。

**第○条　育児短時間勤務**
1. **3歳に満たない子を養育する従業員（日雇い、1日の所定労働時間が6時間以下の従業員を除く）**は、申し出ることにより、就業規則第○条の所定労働時間について、以下のように変更することができる。
   ・午前9時〜午後4時（休憩：午後12時〜1時の1時間）の6時間
2. 以下の従業員は、労使協定により対象から除外することができる。
   ①**入社1年未満**の従業員　②**週所定労働日数が2日以下**の従業員
   ③業務の性質・実施体制により所定労働時間の短縮措置を講ずることが困難と認められる業務として協定に定める業務に従事する従業員

# 8 「介護休業」で"仕事と介護の両立"をサポートする

介護休業とは介護状態にある家族を介護するために取得する休業です。高齢化社会と言われる今、会社の対応をしっかり検討しましょう。

### トラブル回避のポイント
- 「介護休業」がどのような場合に取得できるのか、明確にしておきましょう。
- 「勤務時間の短縮措置」「介護休暇（※1）」についても確認しておきましょう。

**根拠法令等**
育児・介護休業法第11条～15条

**重要**
※1 「介護休暇」とは、要介護状態の対象家族1人につき年5日（対象家族2人以上の場合は年10日）まで、急な介護が必要になった場合に取得できる休暇です。これまで中小企業は適用免除されていましたが、平成24年7月より中小企業も適用対象となります。

**メモ**
※2 取得条件を満たした従業員から申出があった場合、会社は拒むことができません。

**メモ**
※3 期間の初日を定め、この措置をとると、会社はその日数を介護休業等の日数に算入することができます（対象者に明示が必要）。

## ■ 介護休業の対象者を明示する

「介護休業」とは従業員が家族を介護するために**「対象家族1名につき、ひとつの要介護状態ごとに1回」「通算して93日」**まで取得することができる休業です。

| 要介護状態 | 2週間にわたり、病気やケガなど常時介護を必要とする状態 |
|---|---|
| 対象家族 | 配偶者、父母、子、配偶者の父母、並びに従業員が同居し、かつ扶養している祖父母、兄弟姉妹及び孫 |

就業規則においてポイントになるのは「誰が」取得対象者であるか、という点です。育児・介護休業法において、
①自動的に対象外となる従業員（主に日雇いなど）
②労使協定の締結により対象外とできる従業員

が定められています。法令の範囲内で対象者を定めた労使協定を締結し、就業規則にも記載しておきましょう（※2）。

## ■ 介護のための勤務時間の短縮等の措置

要介護状態にある対象家族の介護を行う従業員に対し、会社は介護を容易にする措置（下記①～④）をとる必要が

あります（※3）。
① 短時間勤務制度
　・1日の所定労働時間を短縮、週または月の所定労働時間を短縮
　・隔日勤務、特定の曜日のみの勤務
　・労働者が個々に勤務しない日または時間を請求することを認める制度
② フレックスタイム制
③ 始業・終業時刻の繰り上げ・繰り下げ
④ 従業員が利用する介護サービスの費用の助成、その他これに準ずる制度

### 規定例

**第○条　介護休業**

1. **日雇い以外の従業員**であって、その要介護状態にある対象家族を介護する必要のある者は、会社に申し出て介護休業を受けることができる。ただし、**期間雇用従業員**は、申出時点において、次のいずれにも該当する者を対象とする。
　① 入社1年以上であること
　② 介護休業開始予定日から93日を経過する日を超えて雇用関係が継続することが見込まれること
　③ 93日経過日から1年を経過する日までに労働契約期間が満了し、更新されないことが明らかでないこと
2. 以下の従業員については、従業員代表との**労使協定**により、介護休業対象者から除外することができる。
　① 入社1年未満の従業員　② 週の所定労働日数が2日以下の従業員
　③ 申出の日から93日以内に雇用関係が終了することが明らかな従業員
3. 介護休業の期間は対象家族1人につき、一要介護状態ごとに、原則として、**通算93日間**の範囲内とする。
4. 介護休業の申出は休業開始希望日の**2週間前**までに行うこと。
5. 要介護状態にある対象家族を介護する必要がある者は、会社に申し出て、介護のための勤務時間短縮等の**介護を容易にする措置**の適用を受けることができる。措置を講じた日数については、その初日を対象者に明示した上で**介護休業等日数に算入**する。

## ●育児休業のイメージチャート

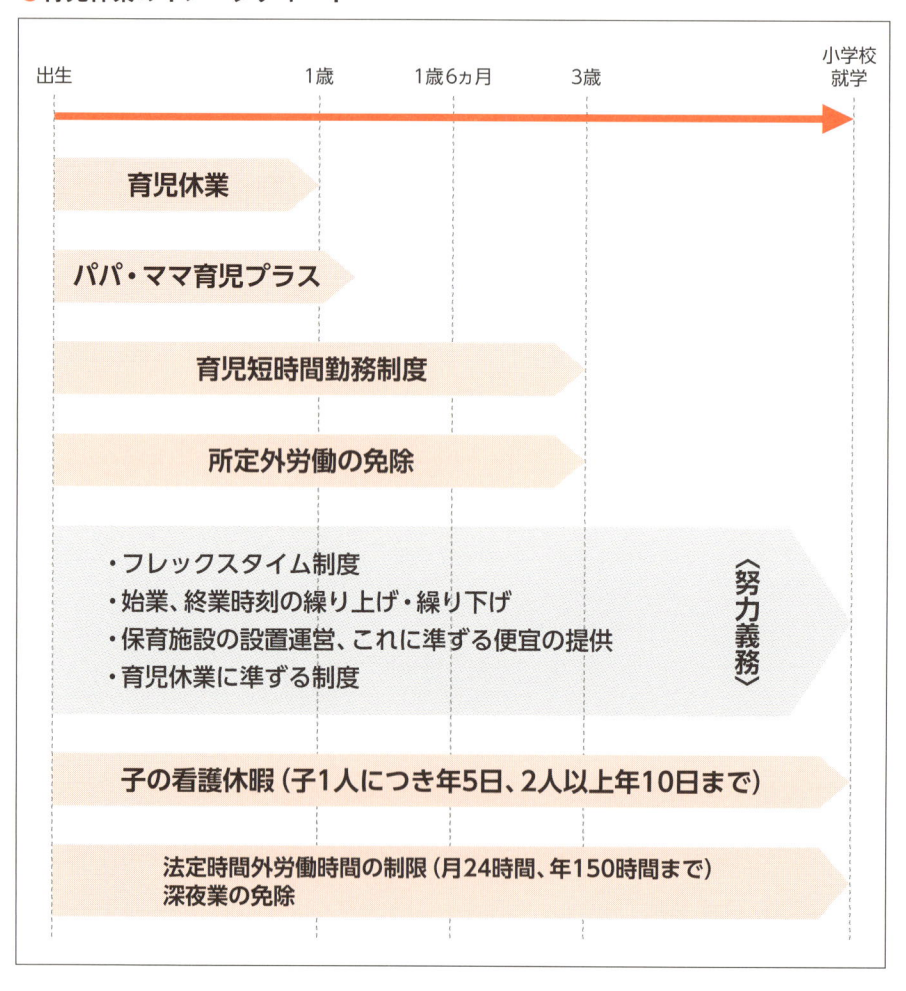

| 出生 | 1歳 | 1歳6ヵ月 | 3歳 | 小学校就学 |

- 育児休業
- パパ・ママ育児プラス
- 育児短時間勤務制度
- 所定外労働の免除
- ・フレックスタイム制度
  ・始業、終業時刻の繰り上げ・繰り下げ
  ・保育施設の設置運営、これに準ずる便宜の提供
  ・育児休業に準ずる制度 〈努力義務〉
- 子の看護休暇（子1人につき年5日、2人以上年10日まで）
- 法定時間外労働時間の制限（月24時間、年150時間まで）
  深夜業の免除

## ●介護に関する措置 取得可能日数

| 介護休業 | 介護休暇 | 勤務時間の短縮措置 |
|---|---|---|
| 対象家族1人につき**93日**まで | 1人の場合…1年間につき**5日**が限度<br>2人以上の場合…1年間につき**10日**が限度 | 介護休業と合わせて**93日**まで |

## ●育児・介護休業のまとめ

| | 育児休業 | 介護休業 |
|---|---|---|
| 対象従業員 | 従業員（日雇いを除く）勤続1年以上で子が1歳に達した以降も雇用される見込みがある従業員 | 従業員（日雇いを除く）勤続1年以上で介護開始予定から93日を超えて雇用が見込まれる従業員 |
| 休業期間並びに回数 | 子1人につき、1回、1歳に達するまで、ただし保育園に入園できない場合など一定の場合は1年6ヵ月まで | 対象家族1人につき、1回通算93日まで従業員が申し出た期間 |
| 賃金の取り扱い | 就業規則で有給か無給か、取り決めることができる | 就業規則で有給か無給か、取り決めることができる |
| 時間外労働の制限 | 小学校入学前までの子を養育する従業員から請求がある場合、1ヵ月24時間、1年150時間まで時間外労働を制限 | 家族の介護を行う従業員から請求がある場合、1ヵ月24時間、1年150時間まで時間外労働を制限 |
| 深夜労働の制限 | 小学校入学前までの子を養育する従業員から請求がある場合、深夜労働を制限 | 家族の介護を行う従業員から請求がある場合、深夜労働を制限 |
| 短時間勤務制度 | 3歳に満たない子を養育する従業員で育児休業を取得していない者について、本人の申出により、必ず短時間勤務制度（原則1日6時間）を講ずる義務 | 要介護状態にある対象家族を介護する従業員について、本人の申出により、対象家族1人につき要介護状態ごとに（介護休業した期間等があればその期間とあわせて）連続する93日以上の期間、勤務時間の短縮等の措置（①短時間勤務制度、②フレックスタイム制度、③始業・終業時刻の繰り上げ・繰り下げ、④介護サービスの費用の助成その他これに準ずる制度、①～④のいずれかを選択）を講ずる義務 |

# 7章 賃金・賞与・退職金

1. 賃金のルールは従業員のモチベーションアップの基本
2. 賃金の「支給方法」と「控除」のルールをおさえる
3. 「基本給」を決めるときにおさえておきたいこと
4. 「手当」の種類
5. 「家族手当」の対象範囲を明確にする
6. 「住宅手当」の支給を定める
7. 「役職手当」の金額は責任の大きさ・実態を反映させる
8. 「皆勤手当」で従業員の遅刻・早退を減らす
9. 「営業手当」は支給目的を明確にしておくことが重要
10. 「割増賃金」の計算方法をしっかりおさえよう
11. 「賃金の改定」には昇給と降給がある
12. 「賞与」を定めるときのポイント
13. 「退職金制度」を定めるときのポイント
14. 「退職金の減額・不支給・返還」ができるように備える

# 1 賃金のルールは従業員のモチベーションアップの基本

就業規則の中でも非常に重要になるのが賃金のルールです。賃金に関する約束事を明確にして従業員の安心・会社に対する信頼感につなげましょう。

### 従業員のやる気アップのポイント

- 従業員が職場で得たお金のすべてが賃金というわけではありません。賃金となるかならないかで、様々な計算の仕方（数値）も変わってきます。労働基準法で定められている「賃金の定義」を確認しておきましょう。

**根拠法令等**
労働基準法第11条

**メモ**
※1 結婚お祝い金、病気見舞金、慶弔金等でも、就業規則等であらかじめ支給条件などが明確に記載されている場合などは賃金となります。

**メモ**
※2 労働基準法第12条1項に定めがあります。

## ■ 賃金とは

労働基準法において、賃金とは、「賃金・給料・手当・賞与その他名称の如何を問わず、労働の対償として、使用者が労働者に支払うすべてのもの」とされています。

つまり以下の2つの条件を満たしていれば名称にかかわらず、賃金として取り扱うということです。
①会社が従業員に支払うものであること
②労働の対償のものであること

**基本給、役職手当、残業手当、住宅手当、家族手当、通勤手当、賞与など、名称にかかわらず、条件を満たせば、すべて賃金になります。退職金も就業規則で支給要件が明確になっている場合は賃金になります。**

会社が「任意的・恩恵的に」支払う結婚お祝い金・病気見舞金・慶弔金等は賃金になりません（※1）。

## ■「賃金」のみを計算の対象とする「平均賃金」

賃金か否かを明確にしなくてはいけない例として「平均賃金の計算」があげられます（※2）。「平均賃金」は従業員の生活保障に関する保護を行う際、直近の賃金額の平均

を算出し、その金額に基づいて必要な対応（手当等の計算）を行うものです。例えば、休業手当や解雇予告手当などの金額計算時には、その計算単位として「平均賃金」を用います。

平均賃金は、対象日直前3ヵ月の「賃金」の総額を同期間の暦日数で割って（除して）算出します。正確に「賃金」となるものを把握していないと、手当額の計算を正しくすることができないのです。

### ■ なぜ賃金に関するルールを定めるのか

賃金は、従業員やその家族の生活の基盤になるものです。その賃金について不確定な要素が多い場合、不公平感が生じたりして従業員は安心して仕事に打ち込むことができなくなることがあります。

賃金は、会社の一方的な都合や社長の気分次第で支払うものではなく、「労働基準法」や「就業規則」「雇用契約」に基づいて支払われるものです。その決定方法や計算方法などにおいて不誠実なものであってはいけません。

就業規則で賃金のルールについてしっかりと定めをし、従業員に周知（共有）し、そのルールに基づいて支払いをすることで、「従業員との信頼関係」「マンパワーが活かせる組織」をつくることができるのです。

#### ココもおさえる　賃金になるもの、賃金にならないもの

| 賃金になるもの | 賃金にならないもの |
| --- | --- |
| ①就業規則等で支給が明確になっている退職金や慶弔見舞金<br>②通勤手当<br>③税金、社会保険料の補助<br>④休業手当<br>⑤住宅貸与を受けない従業員に対して、一定額の給与が支払われるときの給与相当額 | ①就業規則等で支給要件が明確になっていない退職金や慶弔見舞金<br>②出張旅費、宿泊費<br>③生命保険の補助<br>④解雇予告手当<br>⑤住宅の貸与を受けない従業員に対して、一定額の給与が支払われないときの住宅の貸与<br>⑥制服、作業用品の貸与<br>⑦食事の提供<br>⑧チップ |

# 2 賃金の「支給方法」と「控除」のルールをおさえる

法令で定められたもの以外を賃金から控除する場合には「労使協定」が必要です。旅費積立費、社宅費等を控除する場合は労使協定を締結しましょう。

### トラブル回避のポイント

- 賃金には通貨で払う、直接払う、全額を払う、毎月払う、一定期日で払うという5つの決まりごとがあります。これらを規則に定めておきましょう。

**根拠法令等**
労働基準法第24条

**メモ**
※1 口座振り込みでは、①従業員の同意を得て、②従業員が指定する金融機関の本人名義口座に振り込み、③給与支払日の午前10時頃までに引き出せるようにしておくことがポイントです。

**CHECK**
※2 不就労控除を行う計算式において、どの手当を控除対象とするかは会社の自由です。ただし、法令で定めのある割増賃金（時間外労働手当など）や割増賃金を含む手当（固定残業代を含む営業手当など）については、その性質上、不就労控除の対象とはしないほうがよいでしょう。

## ■ 賃金支払いのルールを就業規則に明記する

### ①通貨で払う

小切手、手形、現物支給等で支払うことはできません。

### ②従業員に直接払う

ただし病気療養中の従業員の家族等へ支払う場合などは認められます。また、従業員個人の同意を得ていれば「銀行口座への振り込み」も可能です（※1）。

### ③勝手な控除をせず、全額払う

賃金から控除可能なのは次のいずれかの場合だけです。

(1) 法令により控除が認められているもの…所得税、住民税、社会保険料など
(2) 労使協定により、賃金から控除することが約束されたもの…旅費積立費、社宅費など

### ④毎月1回以上払う
### ⑤一定期日に払う

賃金は、毎月1回以上支払わなければならず、また、「25日」「月末」など、あらかじめ決められた日に支払わなければなりません。「賞与」や「臨時に支払われる賃金」は④⑤の例外となります。

こうした賃金支払いの法令上の決まりに基づいて、自社

のルールを就業規則に定めておきましょう。

### 規定例

**第○条　賃金の支給方法**
賃金は、従業員に対して通貨で直接その全額を支払う。ただし、従業員の代表との書面協定により、従業員が希望した場合は、その指定する**金融機関等の口座（本人名義）**に振り込むものとする。

**第○条　賃金の計算期間、支給日**
1. 賃金の計算期間は、前月○日より当月○日までとする。
2. 賃金の支給日は、毎月○日とする。ただし、支給日が金融機関の休業日にあたる場合はその前日に繰り上げて支給する。

**第○条　賃金の控除**
次にあげるものは、賃金から控除する。
(1) 源泉所得税
(2) 住民税（市町村民税及び都道府県民税）
(3) 健康保険料（介護保険料を含む）及び厚生年金保険料の被保険者負担分
(4) 雇用保険の保険料の被保険者負担分
(5) 労使協定の締結により賃金から控除することとしたもの

**第○条　不就労分の控除**
1. 遅刻や早退、私用外出などの場合、次の計算式に従い不就労時間分として控除する。
　時間割り控除額＝（基本給＋諸手当（※2））÷その月の所定労働時間数×不就労時間
2. 欠勤の場合、次の計算式に従い不就労日数分を控除する。ただし、年次有給休暇の消化を本人が希望し、会社が認めた場合は、年次有給休暇を消化するものとし控除は行わない。
　日割り控除額＝（基本給＋諸手当（※2））÷その月の所定労働日数×不就労日数
3. 第2項の定めにかかわらず、一賃金計算期間において4日以上の欠勤があった場合は、日割り計算の上、出勤日数分を支給する。

# 3 「基本給」を決めるときにおさえておきたいこと

基本給は賃金の大きな柱です。従業員のモチベーションにも関わる基本給の決定方法のポイントを確認しておきましょう。

> **従業員のやる気アップのポイント**
> - 基本給は従業員が公正であると感じられ、納得できる決め方が理想です。
> - 新卒者や中途採用者に対する基本給の決め方も事前にルール化しておくとよいでしょう。

**根拠法令等**
労働基準法第24条

**！重要**
※1 最低賃金法により毎年8月に都道府県別に最低賃金が決定され発表されます。地域別最低賃金と産業別最低賃金があり、行政の許可を受けずに最低賃金以下の賃金を従業員に支払った場合は罰則が課せられます。

## ■ 基本給を決めるときの注意点

基本給は賃金の中心となる大きな柱です。基本給の決め方に不明瞭な点があると従業員のモチベーションは一気に下がります。

賃金額について法令で定められているのは、最低賃金のみです（※1）。つまり、賃金をどう決めるかはそのほとんどが会社の裁量によるということです。とはいえ、従業員のモチベーションの決め手となる賃金を安ければ安いほどよいとするわけにもいきません。公正さと透明性を持って賃金の柱となる基本給を決める必要があります。

## ■ 基本給を決める方法

基本給の決定方法には、大きく分けて、①総合的に決定する、②数種類を組み合わせて決定するという2種類があります。

それぞれの特徴を確認しておきましょう。

①**従業員の年齢、勤続年数、学歴、職務を行う能力、勤務成績、及び勤務態度等を総合的に加味して決める方法**

**メリット**：様々な要素を組み合わせて総合的に賃金を決定することができる

**デメリット:**年功序列的になりやすい、従業員の年齢が上がるにつれて賃金が増えるため、従業員の年齢層が上がると人件費が増大しやすい、複合的に従業員を判断するため、従業員から見ると賃金の判断基準がわかりにくく公平性や透明性が感じられにくい

## ②いくつかの種類の賃金（下記）を2種類以上組み合わせて決める方法

**年齢給**：従業員の年齢に応じて決定する賃金

　日本の企業では、生活保障の観点から年齢給を採用している会社が多く見られます。

**勤続給**：従業員の勤続年数に応じて決定する賃金

　勤続年数の経過とともに仕事に対する習熟度が上がり、結果として会社への貢献度も上がるということを考慮したものです。

**職能給**：従業員の職務を行う能力に応じて決定する賃金

　職能給の等級を役職とリンクさせることで、その責任と賃金のバランスを明確にすることができます。

**職務給**：従業員の職務の内容に応じて決定する賃金

　社内のすべての職務について、その価値や難易度などを分析し、その結果に基づいて職務の序列を決定します。職務ごとにあらかじめ賃金が決まり、そこに従業員をあてはめていきます。したがって、同じ仕事は誰がやっても同じ賃金となります。また、定期昇給という概念がなく、同じ仕事をしている間については昇給がありません。

**役割給**：従業員に対する役割期待に応じて決定する賃金

　各従業員が果たすべき役割を定義して、その定義により格付けを行う「役割等級」に基づいて決定します。

**業績給**：従業員の業績に応じて決定する賃金

　歩合給や出来高給、成績給も同様です。明確な基準があるので、従業員が公平性を感じやすいというメリットがある反面、評価制度を必要とするため、制度の設計に経費と時間がかかる場合があるというデメリットがあります。

> **メモ**
> ※2　厚生労働省から毎年6月に前年の賃金について地域別・規模別・業種別に調査をした「賃金構造基本統計調査」が出されています。また、東京都では東京都産業労働局が毎年賃金の統計を出しています。業界平均や地域の水準を知りたい場合は、こうした統計を利用するのもひとつの方法です。

■ 新卒者・中途採用者の初任給

　新卒者の初任給（基本給）については、同業他社や地域の賃金水準がひとつの参考になります（※2）。浪人や留年をして卒業した者については、浪人・留年期間は考慮せず、他の「同じ年に卒業した者」と同様に扱うことも可能です。この点は年齢給や勤続給の定め方と連動してきます。

　中途採用者の初任給においては、前職での経験・スキル、在籍者（同年齢）とのバランスなどがポイントになります。特に中途採用者の初任給決定については、前述②の「2種類以上の組み合わせ」の方法を利用しているほうが、初任給を決める会社にとっても、それを受ける中途採用者にとっても、根拠を共有して契約することができ、適していると言えます。また、試用期間中は仮の基本給で設定し、試用期間が終わり本採用となるときに、本人の力量を考慮して適切な格付けをするのもひとつの方法です。

> **規定例**
>
> **第○条　基本給（組み合わせの例）**
> 基本給は、以下の3つの事項により決定するものとする。
> (1) 年齢給…毎年○月○日における従業員の年齢に応じて定める額とする
> (2) 勤続給…毎年○月○日における従業員の勤続年数に応じて定める額とする。なお、勤続年数の1年未満の端数は切り捨てる
> (3) 職能給…別に定める人事評価制度により、従業員の職務遂行能力及び会社の業績等を勘案し、定める額とする。毎年○月○日より支給額を変更する

### 👉ココもおさえる　基本給を「組み合わせ」で考えるときのポイント

　基本給を複数の種類の賃金の組み合わせで決定する（考える）場合、検討のポイントになるのは「フレーム」と「ピッチ」です。

　「フレーム」というのは「等級表」や「要件表」など、基本給決定の"判断基準"となるもののことです。これらの判断基準と役職（昇格条件）をリンクさせておくことで、「どこまでできればどういう役職につくことができるのか」「どのくらいの期間で昇格できるのか」などの目安が明確になります。このフレームによって公正性を保つことができます。

　「ピッチ」というのは"昇給の幅"です。年齢給であれば年齢ごと、職能給であれば等級ごとにピッチを設定することになります。昇給幅を一定にすると設定は簡単ですが、特に職能給のピッチについては高い等級（適応役職）ほど上げていくとよいでしょう。職務遂行能力や責任の重さに比例して賃金額のピッチ（昇給の幅）も上がっていくことになるので、従業員の納得度も高くなります。

　「フレーム」と「ピッチ」という土台（基準）が決まったら、規定例のケースであれば、年齢・勤続年数に応じて(1)年齢給(2)勤続給を決定し、自社の人事評価制度に基づく「評価シート」と「会社の業績」を勘案して(3)職能給を決定しましょう。

●フレーム（等級表の例）

| 等 級 | 等級の位置付け（職責） | 適応役職 |
| --- | --- | --- |
| 6等級 | 各部署の運営管理責任者。<br>人材育成の現場レベルの責任者として、部署をまとめることができる。 | 部　長 |
| ︙ | ︙ | ︙ |
| 1等級 | 新卒または未経験者のレベル。<br>上司のアドバイスの下、指示されたことはほぼできる。 | 一　般 |

●ピッチ（年齢給表の例）

| 年 齢 | 金 額 | ピッチ |
| --- | --- | --- |
| 18 | 150,000 | - |
| 19 | 155,000 | 5,000 |
| 20 | 160,000 | 5,000 |
| 21 | 165,000 | 5,000 |
| ︙ | ︙ | ︙ |

# 4 「手当」の種類

生活支援としての家族手当や住宅手当、業務に応じた役職手当や営業手当、出勤率に応じた皆勤手当などをうまく組み合わせて賃金を構成しましょう。

### 従業員のやる気アップのポイント
- 各種手当とは賃金の柱である基本給の補完的な役割を担うものです。
- 法令による制限がないので、就業規則でのルール決めが重要になります。

**根拠法令等**
労働基準法第24条

## ■ 手当とは

　賃金とはそもそも、従業員が就労をすることによって会社から受け取る報酬を言います。そして、同時に従業員の生活を支えているものでもあります。

　賃金の構成として、基本の賃金（基本給）とともに各種手当があります。本来であれば、賃金の大きな柱である基本給のみが就労に対する報酬としての性質と、生活を支える生活保障の性質の両方を備えていることが理想ですが、会社の状況によってはなかなかそうもいかない場合があります。

　基本給そのものを上げ、生活費のすべてをカバーするように設定することは可能です。しかし、基本給を賞与や退職金の計算ベースにしている場合、基本給アップにより賞与や退職金の支給額も増加することが考えられます。そのため、計算方法も再検討しなければ会社の負担が大きくなってしまいます。

　各種手当は、基本給だけではカバーしきれない部分を補助する役目があるとともに、従業員のモチベーションアップや福利厚生としても重要な役割を担っているのです。

　手当には、次のように様々な種類があります。

● **各種手当の種類**

| 手当名 | 内容 |
|---|---|
| 家族手当 | 扶養する家族の人数に応じて支給されるもの |
| 住宅手当 | 従業員が負担する住宅費に応じて支給されるもの |
| 通勤手当 | 自宅から会社に通う交通費として支給されるもの |
| 役職手当 | 役職に応じて支給されるもの |
| 皆勤手当 | 欠勤・遅刻・早退等がない場合に支給されるもの（原則として） |
| 営業手当 | 営業職等に支払われるもの |
| 別居手当 | 単身赴任等で家族と別居を余儀なくされる場合に支給されるもの |
| 子女教育手当 | 扶養する子供の教育費を考慮して支給されるもの |

※色文字部分は原則として割増賃金の計算の基礎から省かれる手当。

　この他にも独自の手当を定めている会社もあります。
　手当をどう決めるかについては、法令に制限はなく、会社に任されていますが、手当の数ばかり増やすのではなく、目的を明確にしてその目的に合う手当を定めるとよいでしょう。

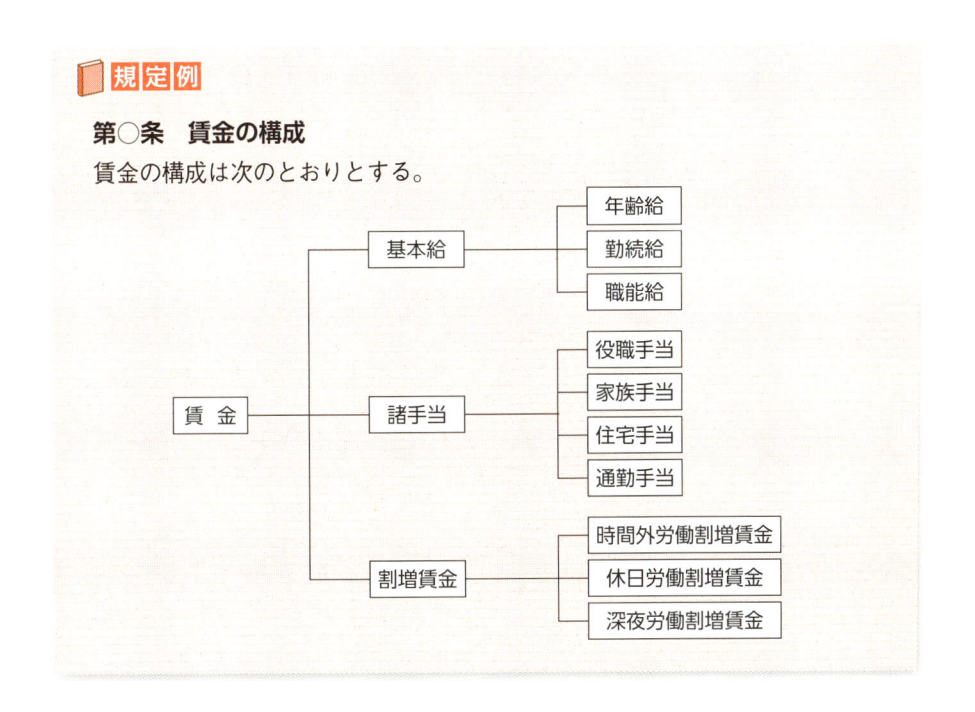

### 規定例

**第○条　賃金の構成**
賃金の構成は次のとおりとする。

```
                      ┌─ 年齢給
            ┌─ 基本給 ─┼─ 勤続給
            │         └─ 職能給
            │
            │         ┌─ 役職手当
            │         ├─ 家族手当
賃　金 ─────┼─ 諸手当 ─┤
            │         ├─ 住宅手当
            │         └─ 通勤手当
            │
            │         ┌─ 時間外労働割増賃金
            └─ 割増賃金┼─ 休日労働割増賃金
                      └─ 深夜労働割増賃金
```

# 5 「家族手当」の対象範囲を明確にする

家族を扶養する従業員にはプラスになる手当です。手当の対象範囲や会社への申請方法などをきちんとルール化しましょう。

### 従業員のやる気アップのポイント

- 家族手当・扶養手当など（以下「家族手当」）を定めるときは、2つのポイント「対象範囲」「手当額の決め方」をおさえましょう。

### 根拠法令等
労働基準法第37条4項

### メモ
※1 平成23年より16歳未満の子は所得税法上の控除対象ではなくなりました。
よって、就業規則の家族手当の対象者要件が「所得税法上の控除対象者」という文言になっている場合は修正が必要です。「所得税法上の扶養親族」などの表現に変更しておいたほうが誤解を招かずに済みます。

### メモ
※2 本章10項参照

## ■ 対象者の「範囲」を明確にする

対象者の範囲を「扶養家族を有するとき」と定めておけば問題なさそうですが、本当に「扶養家族」全員でよいのでしょうか。共働きの「配偶者」がいる場合にまで家族手当を支給していませんか。

家族手当は法令で支給が義務付けられているものではありません。「会社独自のルール」となるので、就業規則（賃金規程等）にしっかり定めておく必要があります。決め方のポイントとして所得税法上の扶養親族や健康保険の被扶養者などを基準として定めると明確になります（※1）。

## ■ 割増賃金計算から除外する場合に注意すること

割増賃金の計算を行う際、一定の賃金についてはこの計算から"除外"することができ（※2）、「家族手当」も除外の対象となる手当です。ここで言う**「家族手当」**とは、**「扶養家族数またはこれを基礎とする家族手当額を基準として算出した手当」**を指し、これに該当すれば名称を問わず（「扶養手当」など）同じ取り扱いが可能です。

逆に言うと、たとえ名称が「家族手当」であっても、前述の家族手当の「定義」に該当しない場合は、割増賃金計

算から除外できないということになります。例えば、下記のような場合です。
- × 家族数に関係なく、一律に支給されるもの
- × 一家を扶養する者に対し、基本給に応じて支給されるもの

---

**家族手当（法令の定めなし）**

**割増賃金計算に算入しなくてはいけない（除外できない）家族手当**
- ・家族数に関係なく決定している　　・基本給に応じて金額が決定している

**割増賃金計算に算入しなくてもよい家族手当（法令の定めあり）**
- ・名称を問わず、扶養家族数またはこれを基礎とする手当額を基準として算出した手当

---

📖 **規定例**

第○条　家族手当
1. 家族手当は、次の家族を扶養している従業員に対して支給する。なお扶養している家族とは健康保険上の被扶養者（「税法上の扶養控除対象者」としてもよい）となっている家族とする。
   - （1）配偶者　　○○○○円
   - （2）18歳未満の子　1人につき　○○○○円
     ※18歳未満の子……高校在学中は卒業までとし、その他各種学校はこれに準ずるものとする
   - （3）65歳以上の父母　1人につき　○○○○円
2. 家族手当は扶養家族を持った月の翌月から扶養家族でなくなった月まで支給するものとする。
3. 扶養家族に変更があった場合は従業員自ら遅滞なく届け出なくてはならない。届出が遅れた場合、または虚偽の申告をした場合、家族手当を支払わない。また、支給済みの家族手当に関しては返還を命ずることがある。

---

👉 **ココもおさえる**　**家族手当の平均額**

東京都産業労働局の中小企業調査によると、家族手当の平均額は配偶者の場合月額10,000円、子供の場合1人につき月額5,000円です。実際にはもう少し低い（配偶者5,000円、子供1人2,000円）ケースも見受けられます。

# 6 「住宅手当」の支給を定める

「従業員の生活を守る」という会社の思いをカタチにしましょう。手当額の決め方により、割増賃金の計算から除外することができない場合があります。

### 従業員のやる気アップのポイント
- 住宅手当を定めるときは、2つのポイントである「対象範囲」と「手当額の決め方」をおさえましょう。

**根拠法令等**
労働基準法第37条4項

## ■ 対象者の範囲

「住宅手当」とは、従業員が負担する家賃、もしくは所有する住宅のローン月額補助等をするための手当です。家族手当同様、**住宅手当は法令で支給が義務付けられているものではありません**。支給するのかどうかは会社が従業員の生活環境（持家が多いのか、賃貸が多いのか等）や社会情勢を考慮して決めることになります。

したがって、住宅手当の定め方は「会社独自のルール」なので、就業規則（賃金規程等）にしっかり定めておく必要があります。

## ■ 割増賃金計算から除外する場合に注意すること

割増賃金の計算の際、「家族手当」と同じように、「住宅手当」も除外することができる手当のひとつとされています。

ただし、「割増賃金の計算から除外できない住宅手当」もあるので、おさえておきましょう。

割増賃金の計算に算入しなくてもよい「**住宅手当**」とは、
(1) 住宅に要する費用に応じて算定される手当
(2) 居住に必要な住宅の賃貸・購入であること

## (3) 費用に応じた算定であること（定率・段階的区分など）

を言います。これに該当すれば名称がどんなものであっても、同じ取り扱いがされます。

たとえ名称が「住宅手当」であっても、上記3つの「定義」に該当しない場合は、割増賃金の計算から除外できません。

例えば、下記のような場合です。

× 住宅の形態ごとに一律に定額支給される場合
（例：持ち家居住者は○万円、賃貸住宅居住者は△万円など）
× 住宅以外の要素に応じて定率または定額で支給される場合
（例：扶養家族がいる場合○万円、いない場合△万円など）
× 全員一律に定額で支給される場合

また、住宅手当の目的から考えて、家賃やローンの額に関係なく（一律に）金額が決まってしまうのでは、従業員の不公平感も生まれやすくなります。

### 規定例

**第○条　住宅手当**
1. 住宅手当は、**世帯主の**従業員に対して次の場合に支給する。
   （1）家賃月額またはローン月額が○〜○万円の場合…○○○○○円
   （2）家賃月額またはローン月額が○万円を超える場合…○○○○○円
2. 住宅手当に変更が生じる事由があった場合は、遅滞なく届け出なくてはならない。届出が遅れた場合、または虚偽の申告をした場合は支給しない。また、支給済みの住宅手当に関しては返還を命ずることがある。

### ココもおさえる　住宅手当の平均額

東京都産業労働局の中小企業調査によると、住宅手当の平均額は、持ち家で月額約15,000円、民営賃貸住宅で月額約27,000円。持ち家と賃貸で差があるのが実態です。

## 7 「役職手当」の金額は責任の大きさ・実態を反映させる

役職手当を定めるときに重要なことは金額設定です。役職の責任の大きさと仕事の実態を見極めて決定しましょう。

### 従業員のやる気アップのポイント

● 役職手当は、役職に応じた責務に対して支払うものです。支給理由を満たすふさわしい適切な基準の金額を定めることがポイントになります。

> **メモ**
> ※1 平成22年版「中小企業の賃金事情」(東京都中小企業振興公社)によると役職手当の平均データは、部長が約65,000円、課長が約45,000円、係長が約20,000円です。こうしたデータも自社の金額設定の参考にしましょう。

### ■ 役職手当の金額の設定

「役職手当」は「職位」に応じた業務負担や責任に対して支給される賃金のことを言います。例えば、部長手当、課長手当、係長手当などがあります。役職手当についてはその金額設定が非常に重要です。

役職手当はどのような考え方で、どのように金額設定をすればよいのでしょうか。

役職者に対して、"残業代"を含めた役職手当を支給している会社が多くあります。いくら役職手当が支給されているとはいっても、その金額が実態として一般従業員の"残業代"より低いのでは役職者のモチベーションは上がりません。

役職手当に"残業代"を手当に含んでいるのであれば、その旨を就業規則（賃金規程等）にしっかり定めておく必要があります。

役職手当を定めるときに重要なポイントは、役職の責任の大きさの割りには手当の額が小さいという不信感を持たれないように、仕事の実態を見極め、世間相場を鑑みながら支給理由を満たすことです。これらのポイントを参考に役職にふさわしい金額を定めましょう（※1）。

また、管理監督者（4章12項参照）について役職手当と

は別に「管理監督者手当」を定めてもよいでしょう。

### 規定例

**第○条　役職手当**
役職手当は、管理監督者の地位にない役職者に対して、その役割への責任及び業務量等に応じ、次のとおり支給する。
（1）課長　　○○○○○円～○○○○○円
（2）主任　　○○○○○円～○○○○○円

**第○条　管理監督者手当**
1. 管理監督者手当は、職務上責任の重い管理監督の地位にある者に対して、その役割への責任及び業務量等に応じ次のとおり支給する。なお、この手当には深夜労働手当を含めて支給する。ただし、第○条（深夜労働手当）の割増賃金計算方法により算出された深夜労働に対する金額が、下記の深夜割増賃金分を超えるときは、その計算額と下記の金額との差額を支払うものとする。
   （1）部長　　○○○○○円～○○○○○円（深夜労働割増分○○○○○円を含む）
   （2）工場長　　○○○○○円～○○○○○円（深夜労働割増分○○○○○円を含む）
2. 会社は管理監督者手当を支給される者に対しては、時間外労働手当、休日労働手当は支給しない。
3. 2つ以上の役職を兼務する者については、上位の職位に対してのみ支給する。
4. 管理監督者手当は、一賃金計算期間のすべてにわたって欠勤した場合には支給しない。

# 8 「皆勤手当」で従業員の遅刻・早退を減らす

日々の積み重ね（皆勤）が評価される皆勤手当。遅刻が大きなペナルティになる業種では、積極的に導入を進めましょう。

### 従業員のやる気アップのポイント
- 皆勤手当を上手に活用して、遅刻・早退をなくしていきましょう。
- 皆勤手当の効果が大きい業種については、皆勤手当のウエイトを上げるなどして、会社のリスク回避と従業員のモチベーションアップを同時に行いましょう。

> **メモ**
> ※1　本章10項参照

> **メモ**
> ※2　3章3項参照

## ■ 皆勤手当とは

「皆勤手当」とは1ヵ月（または3ヵ月など）の**「出勤状況」が良好な従業員に対して支給される手当**です。皆勤手当の大きな目的は、従業員の遅刻・早退・欠勤の予防です。「皆勤手当」の他に「精勤手当」「精皆勤手当」などの名称を用いている会社もあります（以降、「皆勤手当」とします）。

## ■ 皆勤手当は"臨時の支払い"？

ここでひとつ問題になってくるのが「支払われないことがあるなら、皆勤手当は"臨時の支払い"なのか？」ということです。"臨時に支払われる手当"という扱いであれば、法令上割増賃金の計算に算入しなくてもよいわけですから、ここは重要です（※1）。

結論的には、**"臨時に支払われる手当"とはみなされません**ので、割増賃金の計算に算入しなくてはなりません。勤怠不良による皆勤手当の不支給は会社が決めた「支払い方」の問題であり、皆勤手当自体は決して"臨時に"支払われているわけではないからです。

## ■ 従業員の遅刻・早退をなくす

遅刻・早退した者について、"ノーワークノーペイの原則"により、働いていない時間分の賃金を支払う必要はありませんが、「遅刻・早退を3回したら基本給から1日分の賃金を控除する」ことはできません（※2）。

懲戒処分（減給）とすることも就業規則に定めをすることで可能ですが、わざわざ懲戒として対応するのも大変です。そこで、遅刻・早退をなくしたい会社は、この皆勤手当を設けることをおすすめします。

なお、年次有給休暇を取得して休んだ分は、皆勤手当の計算において「欠勤」としてカウントすることはできません。

## ■ 皆勤手当の導入が効果的な会社

シフト制や分担制などのチームで仕事を行う業務、または決められた時間にお客様（取引先）への訪問・配達等を行う業務の場合、一従業員の遅刻や早退が会社全体のマイナス（ペナルティー）になってしまうこともあります。このような業務が中心の会社の場合は、皆勤手当のウエイトを高めるなどして積極的に導入していきましょう。反対に、裁量労働制やフレックスタイム制など、対象となる従業員に労働時間管理をゆだねる業務が中心の会社の場合や、遅刻や早退に関してさほど厳しくない会社では、皆勤手当による大きな効果はあまり期待できないかもしれません。

会社の状況に応じて、導入すべきかどうか検討しましょう。

---

### 📕 規定例

**第○条　皆勤手当**
皆勤手当は、当該賃金計算期間において遅刻・早退・欠勤がない場合に、月額○○○○円を支給する。この場合において、年次有給休暇を取得したときは、出勤したものとみなす。

## 9 「営業手当」は支給目的を明確にしておくことが重要

本来の営業手当は「スキルやノウハウ」などへの手当です。営業手当を支払っているからといって残業代を支払わなくてよいわけではありません。

### トラブル回避のポイント

- 営業手当を残業代として支払うには「固定残業代（の一部）」として扱う必要があります。この場合、就業規則等に何時間分の残業（時間外労働、深夜労働、休日労働）を対象とするのかを定めておきましょう。

**根拠法令等**
労働基準法第37条

**CHECK**
※1　4章10項参照

**重要**
※2　固定残業代を設定するとき、過度な設定は控えましょう。また月80時間を超えてしまうと、労働基準監督署から調査が入った場合、会社ぐるみで長時間労働を容認しているとみなされる可能性もあります。一般的には、1ヵ月あたり30～40時間で設定することが多いです。

### ■ 営業手当とはどのようなときに支給するか

　会社とは経済活動を営み利益を上げることを絶対的なミッションとしています。その中で、営業職とは会社の売上げを直接的に上げることのできる特殊なスキルや能力を要する専門職と言えます。「営業手当」とは、**営業職ならではの特殊な営業スキルやノウハウに対して、外出による出費負担なども加味して支払われる手当**と言えます。

### ■ 営業職の残業の考え方

　営業職の従業員はお客様先、つまり事業場外で業務を行うことが多く、時間外労働も多くなりがちです。その一方で、営業職について「営業手当を支払い、残業代をつけない」という例も見受けられます。事業場外での業務により実際の労働時間を正確に把握できない場合、「事業場外のみなし労働時間制」（※1）を採用することができますが、この制度は一定の条件を満たしていないと適用できず、適用外の場合は別途残業代の支払いが必要となります。

　また、法令上、就業規則等に明確に時間外割増手当である旨の定めがなければ、営業手当は「割増賃金の算定対象

となる手当」となります。つまり、時間外労働手当などの単価を算出する際に、この営業手当も含めて計算をしなくてはならないのです。

このように、"営業手当を残業代の代わりである"と一方的に考えてしまうと「残業代の未払い」や「割増賃金単価計算の間違いによる差額分の未払い」を起こしてしまうリスクがあります。

■ **固定残業代として設定するための条件**

前述の様々な条件を踏まえ、それでも**「営業手当」を「残業代を含む手当」と考える場合は、営業手当に一定時間分の残業代等を含ませること（これを固定残業代と言います）を就業規則に定めましょう。**従業員にとっては、一定の残業時間分までは毎月固定で支給されるという安心感があり、会社にとっては定められた時間枠内の残業であれば手当額が同じなので、賃金計算が効率化できるというメリットがあります。

営業手当に固定残業代を含ませる場合の注意点は次のとおりです。
①固定残業部分が時間外労働何時間に相当するのかを明確にしておくこと（※2）
②設定していた時間外労働分を超えた場合はその超過分を別途支払うこと
③実際に時間外労働していなくてもその固定残業分は支払うこと

> **規定例**
>
> **第○条　営業手当（固定残業代として支給する場合）**
> 1. 主に事業場外で行う業務に携わる営業職の従業員に対して、一賃金計算期間において○○時間分の時間外労働手当相当分として営業手当を支給する。なお、実際の時間外労働時間が○○時間を超えた場合は、その超過分について割増賃金を支払う。
> 2. 営業手当は実際の時間外労働が○○時間に満たない場合でも支給する。
> 3. 割増賃金は営業手当を支払った部分については支給しない。

# 10 「割増賃金」の計算方法をしっかりおさえよう

割増賃金は時間外、休日、深夜労働を行わせた場合に発生します。それぞれ、どのように計算しなければならないかを理解しましょう。

### 従業員のやる気アップのポイント

- 割増賃金は時間外、休日、深夜によって割増"率"が違うのでしっかり確認しておきましょう。
- 割増賃金の計算から除外ができる手当を確認しておきましょう。

**根拠法令等**
労働基準法第35条、第37条

**メモ**
※1 法令に定める管理監督者については、割増賃金の対象となるのは深夜労働のみとなっています。また、年俸制を採用している場合であっても時間外、休日及び深夜に労働させた場合は割増賃金の支払いが必要となります。

**メモ**
※2 法定休日労働が8時間を超えた場合であっても時間外労働の対象とはなりません。法定休日に法定時間外の8時間を超える労働をしても、割増率は35％で計算します。

## ■ 割増賃金とは

割増賃金とは会社が従業員に時間外労働・休日労働・深夜労働（午後10時～午前5時）を行わせた場合に支払わなければならない賃金のことです（※1）。

割増賃金の割増率は以下のとおりになります。
① 通常の時間外労働（法定1日8時間を超える労働）→ 25％
② 深夜労働（午後10時～午前5時の労働）→ 25％
③ 休日労働（法定4週4日の休日の労働）→ 35％
④ 時間外労働＋深夜 → 25％＋25％ ＝ 50％
⑤ 休日労働＋深夜 → 35％＋25％ ＝ 60％

休日の割増賃金は、法定休日に労働させた場合に支払います（※2）。

なお、長時間労働の削減を目的として、平成22年4月1日から労働基準法が改正され、会社は月60時間以上の時間外労働をさせた場合には 通常の労働時間の賃金の計算額の50％の率で 割増賃金を支払わなければならなくなりました。ただし中小企業（「ココもおさえる」参照）にはしばらくの間この改正は適用されないこととなっています。

## ■ 割増賃金計算に算入しなくてもよい賃金

割増賃金の計算に算入する賃金は、基本給だけでなく、諸手当も含まれます。ただし、**下記のものは限定的に除外することができます**。
①家族手当、②通勤手当、③別居手当、④子女教育手当、⑤住宅手当
⑥臨時に支払われた賃金、⑦1ヵ月を超える期間ごとに支払われる賃金

> 📙 **規定例**
>
> **第○条 時間外労働手当、休日労働手当、深夜労働手当**
> 1. 割増賃金は、次の算式により計算して支給する。
>    ①時間外労働手当（法定労働時間を超えた場合）
>    $$\frac{基本給＋諸手当^{(※)}}{1ヵ月平均所定労働時間数} \times 1.25 \times 法定時間外労働時間数$$
>    ②休日労働手当（法定休日に労働させた場合）
>    $$\frac{基本給＋諸手当^{(※)}}{1ヵ月平均所定労働時間数} \times 1.35 \times 法定休日労働時間数$$
>    ③深夜労働手当（午後10時～午前5時の間に労働させた場合）
>    $$\frac{基本給＋諸手当^{(※)}}{1ヵ月平均所定労働時間数} \times 0.25 \times 深夜労働時間数$$
>
>    ※諸手当は家族手当、通勤手当、別居手当、子女教育手当、住宅手当を除く
>
> 2. 前項の「1ヵ月平均所定労働時間数」は、次の算式により計算する。
>    $$\frac{（365－年間所定休日日数）}{12} \times 1日の所定労働時間数$$

### 👉 ココもおさえる　中小企業の基準

●法定割増賃金の引き上げが猶予される中小企業の基準とは

| | |
|---|---|
| 小売業 | 資本金5000万円以下、または、常時使用する労働者50人以下 |
| 卸売業 | 資本金1億円以下、または、常時使用する労働者100人以下 |
| サービス業 | 資本金5000万円以下、または、常時使用する労働者50人以下 |
| その他の業 | 資本金3億円以下、または、常時使用する労働者300人以下 |

# 11 「賃金の改定」には昇給と降給がある

賃金の改定には昇給だけでなく降給もあります。降給を行う場合には、就業規則の定めとは別に、従業員の同意も必要です。

### トラブル回避のポイント

- 昇給だけでなく、降給も含めて「賃金の改定」として定めましょう。
- 合理的な根拠がない降給の場合、不利益変更になるおそれがあります。必ず従業員の同意をもらいましょう。

**根拠法令等**
労働基準法第89条、労働契約法第9条、第10条

**重要**
※1 あらかじめ設定された賃金表に基づいて一人ひとりの基本給を定期的に上げることを「定期昇給」、賃金の水準(全体)そのものを上げることを「ベースアップ」と言います。

### ■ 昇給を毎年約束できるかどうか検討する

　昇給に関する事項は就業規則の絶対的記載事項ですので必ず記載しなければいけません。ただし経済状況が厳しい中、毎年昇給を行える保証はありません。昇給の基準は様々で従業員の年齢や勤続年数、能力、成果、業績、貢献度に応じて行うのが一般的です。年齢や勤続年数を昇給の基準にする場合は、自動的に昇給することになりますが、能力、成果、貢献度を基準にする場合は、人事評価を行った上で決定するのが一般的です。例えば「会社は、毎年○月に○○○○円の昇給を行う」と定めた場合には、必ず毎年○○○○円昇給させなければならない義務が生じます。また、具体的な金額を示さず「定期に昇給させる」と定めても昇給の義務が生じます（※1）。

　一方、「会社や従業員の業績等を勘案し、原則として毎年○月に業務成績が良好な者について行う」「昇給は必要があるときに実施することがある。また降職等にともない降給することがある」等のような記載であれば、定期昇給の義務は生じません。したがって**「昇給」「降給」、両方の意味を含ませた表現にしておいたほうがよいでしょう。**

■ **降給について**

いくら就業規則（賃金規程等）に定められているからといって、会社はいつでも自由に「降給」を行えるわけではありません。労働契約法により不利益変更とみなされる場合があるからです。

降給を実施するには、就業規則等にその旨を定め、人事評価の結果に基づくなど客観的な判断ができ、従業員が納得できるような明確な理由が必要になり、従業員本人の同意も必要です。

### 規定例

**第○条　賃金の改定**
1. 賃金の改定は、原則として、毎年○月に行う。ただし、会社の業績の著しい低下、その他やむを得ない事由がある場合は改定時期を延期する。または改定を行わないことがある。
2. 以下に該当する従業員については給与の改定を行わないことがある。
   (1) 算定期間中の欠勤日数が○労働日を超えた従業員
   (2) 就業規則第○条により懲戒処分を受けた従業員
   (3) 著しく技能が低い従業員または勤務成績ならびに素行不良の従業員
3. 会社は、会社の業績や社会情勢により必要に応じて賃金を改定することがある。

### ココもおさえる　不利益変更が認められるポイント

- 労働契約法第9条において、「会社は就業規則の変更によって、労働契約の内容である労働条件を一方的に従業員の不利益に変更することはできない」ことが定められています。

- 原則的には従業員が合意しなければ就業規則の不利益変更をすることはできませんが、労働契約法第10条において、下記の条件を満たしていれば、不利益変更にあたらないとされています。
  (1) ①労働者の受ける不利益の程度、②労働条件の変更の必要性、③変更後の就業規則の内容の相当性、④労働組合等との交渉の状況、これら①～④を踏まえて、就業規則の変更が「合理的」であること
  (2) 変更後の規則が従業員に「周知」されていること

## 12 「賞与」を定めるときのポイント

賞与の支給要件については法令の定めがありません。会社が自由に設定することができるので、その要件を就業規則で明確にしておきましょう。

### トラブル回避のポイント

- 賞与支給対象者、評価対象期間、支給日在籍要件の3つのポイントは明確に就業規則に記載しましょう。
- 会社の業績が悪いときや、退職予定者などに「不支給」とするケースがあることも必ず定めておきましょう。

**根拠法令等**
労働基準法第24条、第89条

**CHECK**
※1 すでに定められている賞与のルールを自由に変えることができるわけではありません。従業員にとって不利益となる場合には、「就業規則不利益変更の要件」を満たす必要があります（本章11項「ココもおさえる」参照）。

### ■ 賞与支給対象者を明確にする

賞与は会社で自由に定めることができるので、どのように就業規則で定めるかがとても重要になります（※1）。

賞与について、まず明確にしておかなくてはいけないのが支給対象者です。賞与は全従業員を支給対象とすることはもちろん、会社への貢献度から**「正社員に限る」「勤続1年未満の従業員には支給しない」など、対象者を限定することも可能です。**その明確な記載がないと、本来支給対象ではないと考えていた従業員から賞与の支給を求められれば応じなければならなくなる可能性があります。

### ■ 評価対象期間と支給日在籍要件を明確にする

賞与についてトラブルが起こりやすいのは退職予定者や退職した従業員についての取り扱いです。ここでポイントになるのが評価対象期間と支給日在籍要件です。

例えば、単に"7月支給"といっても、その支給額はいつからいつまでの評価が反映されたものなのか、就業規則等に明示されていないと従業員にはわかりません。また、

評価対象期間中に籍があり、賞与支給日前に退職した元従業員から、"対象期間中に在籍していたので、その分の賞与を支払ってください"と言われても、辞めた従業員に賞与を支給するつもりのない会社は困ってしまいます。

そこで、評価対象期間を明確にした上で、**「賞与は支給日当日在籍している者に限り支給する」**旨を明記しておきます。こう定めることで先ほどの「支給日前に退職した者から賞与の支払いを求められる」というトラブルを防ぐことができます。

■「賞与を支給しないことがある」旨を定める

賞与は本来、会社に利益が出ているから支払えるものです。利益が出なければ賞与を支払うことが難しい場合もあります。**「会社の状況によっては支給しないことがある」**と明記しておくことが重要です。

また、賞与の支給自体は行うにしても、他の従業員と比べて著しいプラス・マイナス評価がある従業員についてはその金額を個別に調整したい、ということもあるでしょう。その場合には「対象者本人の能力、勤務成績、勤務態度、出勤状況等を考慮して」決定することを定めておきましょう。

### 規定例

**第○条　賞与**

1. 会社は、各期の会社業績を勘案して、原則として年2回、夏季○月と冬季○月に勤続○年以上の正社員に賞与を支給する。ただし、会社業績の著しい低下その他やむを得ない事由がある場合には、支給時期を変更する、または支給しないことがある。
2. 賞与の額は、支給対象者本人の能力、勤務成績、勤務態度、出勤状況を評価した結果と会社業績を考慮してその都度決定する。
3. 賞与の評価対象期間は、夏季については○月○日から○月○日、冬季については、○月○日から○月○日とし、支給日当日に会社に在籍していた者に限り支払うこととする。

# 13 「退職金制度」を定めるときのポイント

退職金支給は会社の義務ではありません。しかし、退職金を支給する会社は、就業規則で退職金に関する定めをしておく必要があります。

### 従業員のやる気アップのポイント

- 「対象労働者の範囲」「退職金の決定・計算・支払方法」「退職金の支払時期」に関する事項を就業規則に定めておく必要があります。
- 退職金には、功労報奨、賃金後払い、老後の生活保障等の意義があります。自社における退職金支給の目的を考えましょう。

**根拠法令等**
労働基準法第23条、第89条

**メモ**
※1 退職金を支給しないとすることもできます。退職金を支給しない場合も「退職金を支給しない」旨を就業規則に明記しておきましょう。

**メモ**
※2 従業員にとって不利益となる場合には、「就業規則不利益変更の要件」を満たす必要があります(本章11項「ココもおさえる」参照)。

**メモ**
※3 口座振り込みにより退職金を支払う場合、従業員の申し出においてこれを行う必要があります。

## ■ 退職金制度について就業規則に定める

退職金を支給するかどうかは会社が自由に定めることができます(※1)が、「対象労働者の範囲」「退職金の決定・計算・支払方法」「退職金の支払時期」に関する事項を**就業規則で定めたら、そのルールに従って支給しなくてはなりません**。会社の都合で個別に不支給・減額をすることはできません。また、すでに定めのあるルールの変更についても注意が必要です(※2)。

## ■ 退職金の支給対象者の範囲、支給額について

まず、**対象労働者について明確にしておく必要があります**。正社員のみを対象とする(パートタイマーや契約社員等の非正規社員を対象外にする)場合は、あいまいな表現(「従業員」に支給する、など)になっているとトラブルの原因になるので必ず確認しておきましょう。

支給額は勤続年数、在職中の業績、退職理由(自己都合、定年退職等)で異なる金額を定めるのが一般的です。

■ 退職金の支払い時期について

　**あらかじめ就業規則等で定めた時期が退職金の支払い時期**になります。必ず支払期日を定めておきましょう。退職者から早く退職金を支払って欲しいとの請求があっても、就業規則で退職金の支払い時期を「退職の日から2ヵ月以内」と定めている場合、会社はその時期（期限）までに支払えばよいということになります（※3）。

> 📕 規定例
>
> **第○条　退職金の適用範囲**
> 退職金制度は、本規則第○条（従業員の定義）○項に定める正社員にのみ適用する。同条○項〜○項に定める従業員（正社員以外の契約社員、パートタイマー等）には適用しない。
>
> **第○条　退職金の支給対象者**
> 退職金は、**勤続年数満○年以上の正社員**が以下のいずれかに該当して退職する場合、その者（死亡による退職の場合はその遺族）に支給する。
> ①定年による退職　②死亡による退職　③会社都合による退職
> ④休職期間満了による退職　⑤自己都合による退職
>
> **第○条　退職金の支払時期**
> 退職金は、原則として**退職の日から○ヵ月以内**に支給対象者に対し通貨で直接支払う。ただし支給対象者が希望する場合、指定する銀行口座への振込みにより支払うものとする。

> ☝ ココもおさえる　**退職金制度の目的**
>
> 　まずは自社における退職金支給の目的を検討するところから始めましょう。一般的な退職金を支給する目的（意義）としては、①在籍期間の貢献における功労報奨、②在籍期間の賃金の後払い、③老後の生活、などがあげられます。これを踏まえて、自社における退職金制度の目的をしっかり考えることで、「退職金を支給しない」ことも含め、退職金に関する自社の方向性が決まります。

## 14 「退職金の減額・不支給・返還」ができるように備える

在職中または退職後に会社に対する背任行為が判明した場合、退職金の減額、不支給、返還を行うことがある旨を定めておきましょう。

### トラブル回避のポイント

- 退職金の減額、不支給、返還を行う場合には、その措置に関して就業規則に定めておく必要があります。
- 一方で、退職金には「賃金の後払い」という性格もあるため、こうした措置を取るためには明確な根拠と相応の程度が必要です。

> **メモ**
> ※1 「退職後の機密保持および競業禁止の誓約書」を必ず提出してもらい、「提出しない場合は、退職金の支払いを留保する」と定めておくことで、機密保持や競業禁止の義務違反の抑止効果を得ることもできます。

> **メモ**
> ※2 3章10項参照

### ■ 在籍時の退職金の減額・不支給

就業規則に定めがある時点で、退職金は従業員の権利です。これを会社の判断で勝手に変更することはできません。

会社に在籍中の不正行為が判明した場合、**就業規則に定める制裁事由に基づいて**、譴責(けんせき)・減給といった**処分を行う**ことができます。不正行為が重篤・悪質な場合には懲戒解雇とすることもあります。しかし、懲戒解雇だからといって、無条件に退職金が減額(不支給)になるわけではありません。何も定めがなければ、通常の支給対象となります。

就業規則に「退職金の減額・不支給についての定め」を必ずしておきましょう(※1)。

### ■ 退職後の退職金の返還

退職後に、在籍時の不正行為や競業禁止義務(※2)に反し競合会社への転職が判明したケースでは、それが退職後に懲戒解雇事由に該当するような不正行為であったとしても、退職者がすでに従業員ではない(就業規則の適用対象者ではない)ために、退職前のように懲戒解雇措置を適

用することができません。このような事態に対応できるように、退職金の返還事項を別途定めておくことがポイントです。「返還」に応じない場合、損害の程度に応じて「損害賠償請求」を行うことも考えられます。

### ■ 退職金の全額不支給・全額返還は難しい

退職金の減額・不支給・返還を行う場合、その前提として就業規則での定めは必須事項です。しかし、こうした定めがあるからといって、そのとおりの措置が必ず認められるわけではありません。その措置が妥当であるかどうかについて争いになった場合、最終的には「裁判」での判断になります。

退職金の全額不支給については、「これまでの会社に対する貢献をすべて抹消するような背信行為があった場合のみ有効」とした裁判例があります。"会社に対するすべてを抹消する背信行為"については、その明確な根拠（証拠）と処分に見合った程度が求められます。

---

**規定例**

**第○条　退職金の不支給及び減額**
従業員が懲戒解雇された場合、退職金の全部または一部を支給しない。ただし、諭旨解雇の場合は、退職金の○％を上限として減額した上で支給する。

**第○条　退職金の支給留保**
従業員が退職時において、「退職後の機密保持及び競業禁止の誓約書」を提出しない場合は、会社は退職金の支給を一時留保する。

**第○条　退職金の返還**
退職者が次の各号の一に該当する場合は、会社は本人に対してすでに支払った退職金の全部または一部の返還を求めることができる。
（1）退職後、在職中の行為が懲戒解雇事由に該当すると判明したとき
（2）退職時、及び退職後に会社の機密保持に違反したとき
（3）○○以上の役職者、または重要プロジェクト参加経験者が退職後、○カ月以内に競業禁止義務に違反し競業他社に転職したとき

# 8章 定年・退職

1. 「退職」の種類
2. 労使トラブル防止のために「退職日」を明確にする
3. 「定年となる日」を定める
4. 定年後の「再雇用制度」を導入する場合
5. 従業員の突然の辞職の申出、気をつけるポイント
6. 退職者が「顧客リストを持って起業」した場合に備えた対応
7. 有期雇用契約者の「契約満了」に注意する

# 1 「退職」の種類

「退職」にも様々な種類があります。どのようなケースがあるのか、まずはその種類を理解しましょう。

## トラブル回避のポイント

- 退職のルールがなぜ必要なのかしっかりと理解しましょう。
- 退職の種類を明確にし、従業員・会社双方が「辞める理由」の「共通の認識」を持てるようにしましょう。

**根拠法令等**
労働契約法第16条

**重要**
※1 労働基準法第89条就業規則の絶対的必要記載事項の中に「退職に関する事項(解雇の事由を含む)」が入っています。(1章2項参照)

**CHECK**
※2 民法第627条で2週間前に申し出れば雇用契約は解除できるとされています。

**メモ**
※3 「自然退職」という法律上の用語はありません。判例上用いられた呼称が定着したものです。

### ■ 退職のルールが重要な理由

従業員が会社を辞めることが退職です。退職する際、①どのような理由で辞めるのか、②いつ辞めるのか、③手続きはどうするのか、これらを明確にしておきましょう。

一般的に、会社員は、会社に採用され入社し、働き、会社を辞めていきます。この流れを「雇用契約」という面から説明すると、次のようになります。

① 「会社に採用される」→会社と従業員が「雇用契約」を締結
② 「働く」→契約を実行
③ 「会社を辞める」→雇用契約を解約

近年、この雇用契約を解約する、つまり「退職する」際の会社と従業員の間でトラブルが増えています。

最後まで従業員に気持ちよく働いてもらい、後々のトラブルが起きないように、退職のルールを決めることが重要です。「退職のルール」は、就業規則の絶対的必要記載事項として法令で義務付けられていますが(※1)、就業規則の届出義務のない10人未満の会社でも、雇用契約書に記載するなどして、従業員に周知徹底しましょう。

● 雇用契約の流れ

```
雇用契約締結          契約実行          雇用契約解約
   入社               働く                退職
```

## ■ 退職の種類

　退職にはいくつか種類があります。ここで、トラブル防止のために、区別して理解しておきたい7つの退職の種類について説明します。

① **自己都合退職**…従業員からの申し出による退職。自己都合退職の中でも、従業員から退職の申し出後、会社の承認を得ないまま、民法の規定に基づき、一方的に従業員が辞めることを「辞職」と言います（※2）

② **死亡による退職**…従業員が死亡した場合

③ **定年による退職**…会社で定めている一定の年齢に達した場合

④ **休職期間満了による退職**…業務が原因でないケガや病気等によって休職し、その期間が終了しても、復職ができない場合

⑤ **期間の定めのある雇用契約で期間が満了したことによる退職**…契約を結ぶ時点で働く期間を決め、その期間が終了した場合

⑥ **従業員の無断欠勤が続いた場合の退職**…会社で定めた日数無断欠勤が続いた場合

⑦ **解雇**…会社が従業員に一方的に雇用契約の解約を告げる場合

　②から⑥は、「自然退職」とも呼ばれます（※3）。⑦の「解雇」については、会社からの一方的な通告によるためトラブルが起こりやすく、従業員側から「不当解雇である」と訴えるケースも増えています。解雇のルールは他の退職の際のルールと異なる部分が多いため、本書では9章で詳しく説明します。

## 2 労使トラブル防止のために「退職日」を明確にする

「退職日がいつなのか」をはっきりさせるため、就業規則には、退職の事由ごとにそれぞれ退職日を記載しましょう。

### トラブル回避のポイント

● 無断欠勤の続く従業員については、本人と連絡がつかないケースもあるため、どのような取り扱いとするかを事前に定めておくことが重要です。

**メモ▶**
※1 「公示送達」とは、行方不明になった従業員の住所がわからない場合などに、法的に送ったとして扱う手続きを言います。裁判所に一定期間掲示され、その掲示があったことを官報に少なくとも1回掲載することで送達されたものとみなされます。

**メモ▶**
※2 完全月給制とは、欠勤をしても給料が控除されず雇用契約によって決められた月給額が支払われる制度です。

### ■ 退職日の記載に注意

退職に関するトラブルの中には、退職日がはっきりしないために起こるものがあります。**退職に関する規定には、「何を原因」として退職とするのか、またその場合には「いつ」退職になるのかをはっきりと定めましょう。**

### ■ 無断欠勤が続いた従業員の対応

退職・解雇いずれの場合も、原則として"いつ退職（または解雇）とするのか"を「相手に通知する（伝える）」必要があります。しかし、その相手が"無断欠勤者"である場合、「退職の通知」をすることが非常に困難となることがあります。郵送してもあて先不明で戻ってきてしまい、電話等もつながらなければ、公示送達（※1）などの手続きを行うことになってしまうので、会社にとって時間と労力がかかってしまいます。このような事態を避けるために、**「無断欠勤が続いた従業員については一定期間経過後退職とする（自然退職）」旨を必ず定めておきましょう。**

なお、「無断欠勤が"何日"続いた場合に退職とするか」は、おおむね30日から60日であれば、問題はないとされています。会社の体力と、常識的な範囲内で「1ヵ月程度」と

することが望ましいと言えるでしょう。

📕 規定例

第○条　退職
1. 次の各号のいずれかに該当する場合は、その日をもって退職とする。
   （1）　退職を願い出て承認されたとき…**本人が希望した退職日**
   （2）　**退職願提出後14日を経過したとき**
   （3）　死亡したとき…**死亡した日**
   （4）　定年に達し規定の退職日が到来したとき…**定年退職の日**
   （5）　休職期間満了までに休職事由が消滅せず復職することができないとき…**休職期間満了日**
   （6）　期間を定めて雇用された者の雇用期間が満了したとき…**期間満了日**
   （7）　無断欠勤が第○条の休日を含め1ヵ月以上に及んだとき…**無断欠勤が1ヵ月経過した日**
   （8）　関連会社に転籍したとき…**転籍日の前日**
   （9）　会社の役員に就任したとき…**就任日の前日**
   （10）　会社が行う退職勧奨を従業員が受け入れたとき…**会社と本人が合意した退職日**
   （11）　その他、退職につき労使双方合意したとき…**会社と本人が合意した退職日**
2. **前項第7号により退職とする場合は、退職の事実を会社に届け出ている従業員本人の住所またはその家族あるいは身元保証人に対し、決定した退職の事実を郵送により通知するものとする。**

👉 ココもおさえる　　従業員からの退職の申し出

　従業員が退職する場合、いつまでに申し出ればよいかが問題になることがあります。民法の規定では14日前までに申し出ればよいとされています。しかしこれは原則論で、完全月給制で給与をもらっている従業員の場合はその月（一賃金支払期間）の前半までに退職を申し出る必要があります。つまり、15日締めの会社に勤めている月給制の従業員が4月15日に退職したいというのであれば、最低でも3月31日までには申し出をしなければならないというわけです（※2）。

## 3 「定年となる日」を定める

定年年齢を定めていても、「定年日」があいまいになっていませんか？　誕生日、月末……定年日を明確にしましょう。

### トラブル回避のポイント

● 定年日は60歳の誕生日とは限りません。トラブル防止のために定年退職の日を明確に定めましょう。

**根拠法令等**
高年齢者雇用安定法第9条

**メモ**
企業の定年年齢の傾向…平成22年の調査において定年年齢を一律に定めている企業は全体の98.7％。定年年齢を60歳にしている会社は全体の82.7％、65歳にしている会社は12.3％です。10年前の平成12年には、定年年齢を60歳にしている会社は全体の91.6％、65歳にしている会社は5.6％でした。日本の企業では総じて定年年齢が延長されている傾向がうかがえます（『高齢社会統計要覧平成22年版』より）

■ **定年を何歳にするか**

　定年とは一定の年齢に達した従業員を退職させる制度です。法令では、定年年齢を60歳以上にしなければならないと定められています。

　昔の就業規則をそのまま使っている会社の場合、定年年齢が55歳とされていることもあります。この場合、55歳という定年は違法となり、無効なので、「定年の定めがない」とされてしまうこともあります。**必ず就業規則において、定年年齢の定めを60歳以上に変更をしておきましょう。**

■ **いつ定年退職とするかを明確に定める**

　「定年退職日」の定めの例にはこのようなものがあります。
①60歳の誕生日
②60歳の誕生月の末日
③60歳の誕生月の属する賃金計算期間の締切日

　一言で「60歳定年」といっても、複数の退職日の種類があることがわかります。「定年退職日」が明確にされていない場合、従業員と会社との間でこの「定年退職日は具体的にいつなのか」という点で認識がずれてしまうことが想定されます。退職金の計算や退職手続きなどへの影響は

もちろん、これまで長年にわたり一所懸命会社のため尽くしてくれた従業員との信頼関係に、大きな亀裂が入ってしまうことにもなりかねません。「いつまで」働けるのかをはっきりとルール化することが大切です。

　定年退職日は①～③のいずれでも（これ以外でも法令を下回らない内容であれば）定めることができます。③については賃金の支払いの兼ね合いを考え、60歳の誕生日の「直後の賃金締切日」を定年退職日としている例です。定年退職日を賃金締切日とするメリットは、退職日までに賃金の日割計算の必要がない（従業員としても、最後の月までしっかり1ヵ月分の賃金支給を受けることができる）ことと、同期間に複数の対象者がいる場合に一緒に退職の手続きができる（効率化を図ることができる）ことです。

### 規定例

**①定年退職日を60歳の誕生日とする場合**
**第○条　定年**
従業員の定年は満60歳とし、**満60歳の誕生日をもって退職とする。**

---

**②定年退職日を60歳の誕生月の末日とする場合**
**第○条　定年**
従業員の定年は満60歳とし、**満60歳の誕生月の末日をもって退職とする。**

---

**③定年退職日を60歳の誕生日の属する賃金計算期間の締切日とする場合**
**第○条　定年**
従業員の定年は満60歳とし、**満60歳の誕生日の属する賃金計算期間の締切日をもって退職とする。**

### ココもおさえる　「60歳に達した日」は「60歳の誕生日」ではない

　法令上（年齢計算ニ関スル法律、民法）、「○歳に達した日」とは「○歳の誕生日の"前日"」を指します。「60歳の誕生日」と「60歳に達した日」（誕生日の前日）とでは、実際の定年退職日に1日違いが出るのです。自社の定年退職日として「達する日」「誕生日」（規定例では「誕生日」としています）どちらに定めてもかまいません。自社の就業規則の表記を確認しておきましょう。

## 4 定年後の「再雇用制度」を導入する場合

定年後の雇用についてきちんとしたルールはありますか？ 定年後の雇用のルールが明確な会社は安心して働ける会社です。

### トラブル回避のポイント
- 定年後の労働条件をどうするか、きちんと就業規則に定めましょう。
- 退職金についても、いつ支払うのか、再雇用後はどうするのかを定めておくとトラブルを避けられます。

**根拠法令等**
高年齢者雇用安定法第9条

**重要**
※1 ①65歳以上の定年制を導入している、②定年制を設けていない、③希望者全員を65歳まで継続して雇用する制度を導入している。
このいずれかの場合、高年齢者雇用安定法の改正に伴う制度の見直しは必要ありません。

### ■ 高年齢雇用確保措置について

定年の定めとは別に、法令では「従業員の雇用を65歳まで確保すること」（高年齢雇用確保措置）が、会社の規模にかかわらずすべての会社に義務付けられており、3つの方法があります。

①定年を引き上げる
②継続雇用制度を導入する（次の（1）（2）のいずれか）
(1) **再雇用制度**…定年でいったん退職し、その後あらためて雇用契約を結ぶ。これまでの労働条件は退職により一度解消するため、定年後再雇用者として労働時間や賃金等の労働条件を新たに設定することが可能です。
(2) **勤務延長制度**…定年になった従業員を退職させずに、そのまま引続き雇用する。個別に労働条件を変更したり、延長期間を定めることはできますが、あくまで「引き続き」雇用されているので、会社からの"一方的な労働条件の変更"はできません。
③定年制を廃止する

## ■ 高年齢者雇用安定法の改正

高年齢者雇用安定法が改正され、平成25年4月1日施行されました。

大きなポイントは、「定年退職時に一定の基準を設け、それを満たした者のみを継続雇用制度の対象とすることができる」とされていた点が"廃止"になったことです。

これにより、原則として希望者全員を継続雇用制度の対象とすることが必要になりました。(※1)

|  | 改正前 | 改正後 |
|---|---|---|
| 高年齢雇用確保措置の対象者 | 労使協定を締結することで、定年退職時に一定の基準を設け、それを満たした者のみを継続雇用制度の対象とすることができる。 | 原則「希望者全員」とし、労使協定による基準の定めは廃止された。(経過措置あり) |
| 対象者を雇用できる会社の範囲 | 定年前に雇用されていた会社および子会社 | 定年前に雇用されていた会社と子会社およびグループ会社も可 |
| 罰則 | 指導勧告 | 企業名の公表 |

## ■ 平成25年3月31日以前に労使協定を締結していた会社は経過措置も

この改正には「雇用維持と年金受給の確実な接続」という大きな目的がありました。年金の支給開始年齢までは会社で雇用をすることを義務付けるということです。そのため、改正法においては、対象者を原則希望者全員としましたが、年金の支給開始年齢に合わせて、経過措置を設けています。すなわち「平成25年3月31日以前に労使協定を締結していた会社」は、次ページの（表2）のように、期間および対象者の年齢において、労使協定で定められている基準による対象者の選定ができるというものです。この経過措置を利用するか否かによって、就業規則の条文も変わってきますので注意をして下さい。

### ●経過措置の対象期間と基準適用可能な年齢

| 経過措置の対象期間 | 基準の適用が可能な年齢 |
|---|---|
| 平成25年4月1日から平成28年3月31日まで | 61歳以上 |
| 平成28年4月1日から平成31年3月31日まで | 62歳以上 |
| 平成31年4月1日から平成34年3月31日まで | 63歳以上 |
| 平成34年4月1日から平成37年3月31日まで | 64歳以上 |

**CHECK**
※2 法改正にあわせて制定された「高年齢者雇用確保措置の実施および運用に関する指針」において示されています。

**重要**
※3 退職金を定年時に支給し、継続雇用後は支給しない場合は、その旨を必ず明記しましょう。

また、心身の故障や勤務状況が著しく不良な場合など、就業規則に定める解雇事由又は退職事由（年齢に係るものを除く）に該当する場合は、継続雇用をしないことができるとされています（※2）。この点についても、就業規則で明確にしておくことが有効です。

### 規定例

**①希望者全員の継続雇用制度の例**
**第○条　定年後の継続雇用**
1. 従業員が定年退職後も引き続き勤務を希望し、解雇事由又は退職事由（年齢に係るものを除く）に該当しない者である場合、希望者全員を満65歳に達した日の属する賃金計算期間の締切日まで定年後再雇用者として継続雇用する。
2. 前項により継続する際の労働条件については、１年ごとに見直すこととし、個別に定める労働条件通知書により通知する。
3. 退職金は定年退職時（定年退職日から○ヵ月以内）に支給し、その後は支給しない（※3）。

---

**②経過措置を利用し、労使協定による選定基準を設ける例**
（平成25年３月31日までに労使協定により継続雇用制度の対象者を限定する基準を定めていた会社に限る）
**第○条　定年後の継続雇用**
1. 従業員が定年退職後も引き続き勤務を希望し、解雇事由又は退職事由（年齢に係るものを除く）に該当しない者であって、平成25年４月改正前の高年齢者雇用安定法第９条第２項に基づく労使協定の定めにより、次の各号に掲げる基準（以下「基準」という）のいずれにも該当する者については、満65歳に達した日の属する賃金計算期間の締切日まで、基準のいずれかを

満たさない者については基準の適用年齢に達した日の属する賃金計算期間の締切日まで、定年後再雇用者として継続雇用する。
(1) 本人が引き続き継続雇用されることを希望し、会社が提示する職務内容及び労働条件につき同意すること
(2) 直近の健康診断において、就業を制限する程度の異常の所見を受けていないこと（体力的に勤務継続が可能であること）
(3) 協調性があり、勤務態度が良好な者であること
(4) 業務成績が普通の水準以上であること
(5) 直近○年間における出勤率が○割以上であること
(6) 直近○年間において減給以上の懲戒処分を受けていないこと
2. 前項の場合において、当該基準の適用については、下表左欄に掲げる期間に応じ、それぞれ右欄に掲げる年齢以上の者を対象に行うものとする。

| 経過措置の対象期間 | 基準の適用が可能な年齢 |
| --- | --- |
| 平成25年4月1日から平成28年3月31日まで | 61歳以上 |
| 平成28年4月1日から平成31年3月31日まで | 62歳以上 |
| 平成31年4月1日から平成34年3月31日まで | 63歳以上 |
| 平成34年4月1日から平成37年3月31日まで | 64歳以上 |

3. 第1項各号に定める基準のいずれかを満たさない場合であっても、高度な技術・技能を有する等、会社が特に必要と認めた者については、継続雇用の対象とすることがある。
4. **前項により継続する際の労働条件については、1年ごとに見直すこととし、個別に定める労働条件通知書により通知する。**
5. 退職金は定年退職時（定年退職日から○ヵ月以内）に支給し、その後は支給しない（※3）。

## 5 従業員の突然の辞職の申出、気をつけるポイント

本人の申し出により従業員が退職。会社側が「自己都合退職」だと思っていても、従業員は「会社都合」だと思っているかもしれません。

### トラブル回避のポイント
- 引き継ぎの時期を十分に考慮し、退職願の提出時期を規定しましょう。
- 退職前の強引な有休消化を防ぐために、あらかじめ規定を設けましょう。

**根拠法令等**
民法第627条

**メモ**
※1 民法第627条第2項

**メモ**
※2 労働基準法第20条 解雇予告

**メモ**
※3 退職時の有休消化について以下のような対応が考えられます。
①従業員と相談して退職日そのものを先に延ばす
②退職により権利のなくなった有休は退職後に退職金の一部として支払うことを提案し、その分はきちんと出勤、引き継ぎをさせる

### ■ 退職の意思表示は口頭では受けない

従業員が退職した後に、「自分は自己都合で退職したのではない」と主張し、トラブルになるケースが増えています。このようなトラブルを避けるために、**自己都合退職の場合は、必ず従業員から退職願を提出してもらいましょう。**

### ■「突然」の退職を防ぐために就業規則に一工夫する

"期間の定めがない労働契約"において、従業員側と会社側では「解約の申入れ」のタイミング(どれくらい前に申入れすればよいか)が異なります。

会社側からの解約の申入れ(解雇)については、「少なくとも30日前に解雇予告」をしなければならないとされています(※1)。

一方、従業員側からの申入れ(退職)については、「解約の申入れから2週間経過することで契約が終了する」とされています(※2)。しかし、実務上、退職希望日の2週間前に退職を申出られたら、会社側としては**後任者を探し、引き継ぎをさせる時間**がありません。そこで、従業員の退職に際して業務が滞らないよう、自社における「退職申入れに関するルール」を定めることが必要です(※3)。

## ■ 退職前の強引な有休消化に対応する

　退職前に「有休の取得は従業員の権利だから、残りの日数分まとめて取りたい」と申し出る従業員がいます。たしかに有休は従業員の権利ですが、業務に大きな影響を及ぼす強引な有休の消化を防ぐために、**「退職日まできちんと勤務し続け、引き継ぎを行う」**こと、**「これに従わず、業務に支障をきたす場合は懲戒処分とする」**ことを規定しておきましょう。

　懲戒処分の内容としては、「退職金の減額」、あるいは「最終月の職務手当・役職手当等の一部手当を支給しない」などがあげられます。職務手当や役職手当は、本来その職務を「誠実に」遂行した場合や「役職に応じた」業務を行った場合に支払われる手当です。引き継ぎを誠実に行わず、または引き継ぎをすべき立場にいながら現場の混乱を放置するということは、職務手当や役職手当を支給するに値しないと判断されます。

　退職前の有休消化については、以下のような対応も検討してみましょう。
①**従業員と相談して退職日そのものを先に延ばす**……ただしこの際、会社からの一方的な退職日の指定は厳禁です（解雇に該当することがあります）。よく話し合ったうえで、両者が納得できる決定をすることが大切です。
②**退職時の有休の残日数分について、退職後に退職金の一部として支払うことを提案する**……退職時残日数分については、このような取扱いも可能です。その分しっかりと出勤して引き継ぎをしてもらうことができます。

### 📙 規定例

**第○条　退職の手続き　自己都合退職**
1. 従業員が退職しようとするときは、**少なくとも1ヵ月前に所属長に退職願を提出**しなければならない。
2. 退職願を提出した者は、退職の日まで勤務し、引き継ぎ等を誠実に行わなければならない。ただし、疾病または事故等のやむを得ない事情がある場合はこの限りでない。
3. 前項の規定にもかかわらず、**引き継ぎ等の業務を誠実に行わず業務に支障をきたした場合は、懲戒処分の対象とする**。また、退職金の全部または一部、及び最終月の○○手当または○○手当を支給しないことがある。

## 6 退職者が「顧客リストを持って起業」した場合に備えた対応

退職の際、従業員が密かに個人情報や業界のノウハウを持ち出し、外部で流用することを防ぐために機密保持のルールを定めましょう。

### リスク撃退のポイント

- 退職時に会社に返却するもののリストを明記しておきましょう。
- 情報漏えい防止や競業を防止するために退職時に誓約書を作成しましょう。

**メモ**
※1　誓約書の雛形については3章9項参照

**メモ**
※2　健康保険証を返却せず、退職（資格喪失）後に使用すると、後で健康保険の保険者から負担（返還）を求められ、本人に煩雑な手続きが発生してしまいます。

**CHECK**
※3　退職日の迫った従業員に「誓約書」の提出を求めても、提出を拒む可能性があります。提出を怠った場合は、懲戒に処し、退職金を支給しない場合もあり得ることを明記しておきましょう。

### ■ 退職時の情報漏えいを防止する

退職者が退職時に顧客リストやデータを持ち出してライバル会社に転職、あるいは同じ業種で起業するケースがあります。退職者がその顧客リストを基に営業活動をした場合、既存の顧客を奪われ、売上げに多大な打撃を受ける可能性があります。さらにその顧客リストや情報が転売されたり、悪用されれば、会社の信用問題にも関わります。

これらを防ぐために、就業規則に退職時の機密保持に関する「退職者の義務」について明確に定めておきましょう。

### ■ 退職後の機密保持についての誓約書

会社に永年勤続することにより、従業員は業界のノウハウを得ることができます。退職者が形ある顧客リストのみならず、無形のノウハウを持ってライバル会社に転職した場合、会社の損失は計り知れないものとなります。そのような事態を防止する意味で**「退職後の機密保持及び競業禁止の誓約書」の提出を求めるとよいでしょう**。誓約書には、退職後も企業秘密を漏えいしてはいけないこと等を記載し、万が一漏えいの事実が発覚した場合には、損害賠償を求める場合もあり得ることを明記しておきましょう（※1）。

📕 規定例

**第○条　退職の手続き　退職者の義務**

1. 従業員が退職または解雇により、従業員の身分を失う場合は、会社が指定した期日までに以下のものを返却しなければならない。
   - (1) **顧客情報に関するリスト及びデータ**
   - (2) **取引先または顧客等の名刺**
   - (3) 会社が貸与した社員証、制服、パソコン・携帯電話等の機器、名刺、文房具、作業道具等
   - (4) 会社からの債務（貸付金等）
   - (5) 健康保険被保険者証（※2）
   - (6) その他、会社から貸与されたもの
2. 退職者は、**会社指定の期日までに「機密保持及び競業禁止の誓約書」を、会社に提出**しなければならない。
3. 第1項、第2項の物を期日までに提出しない場合、会社は当該退職者を懲戒に処し、退職金を減額あるいは最終月の○○手当または○○手当を支給しないことがある。（※3）
4. 退職をする者は退職日まで従前の業務に従事するとともに、所属長の指示に従い、必要事項の引き継ぎを完全に行わなければならない。この規定に違反した場合は、懲戒の対象とする。また、退職金の全部あるいは一部、及び最終月の○○手当または○○手当を支給しないことがある。

👉 ココもおさえる　**退職者の競業禁止について注意すること**

　競業禁止については、職業の選択の自由がありますので、会社がむやみに同業者への就業を禁止するというわけにはいきません。競業禁止に関する規定や誓約書の内容が合理的であるかどうかが問題となります。合理的かどうかは、その退職者が**①在職中、企業秘密を知り得る立場や役職にあったか否か、②機密保持に対する特別な手当等の支給があったかどうかに加え、誓約書の内容において③競業禁止を制限する職種・期間・地域等を限定していたか否か**、で判断されます。つまり、「退職後は同業他社で勤務あるいは役員への就任、同業での起業をしてはならない」というだけの誓約書では、退職者の職業選択の自由を奪うとみなされる可能性がありますので、注意をしてください。

## 7 有期雇用契約者の「契約満了」に注意する

有期雇用契約者でも、安易に「雇止めできない」ことがあります。労使トラブルを防ぐために、あらかじめ更新の有無とその判断基準を明確にしましょう。

### トラブル回避のポイント

- 有期雇用契約者の期間満了による雇止めと、期間途中の解雇の違いに注意しましょう。
- 契約更新の有無と判断基準を、雇入れ時や契約の更新時に従業員に文書を交付するとともにはっきりと伝えておきましょう。

**根拠法令等**
労働契約法第18条、第19条、第20条
有期労働契約の締結、更新及び雇止めに関する基準

**CHECK**
※1　無期転換の申込みをすると、その時点で無期雇用契約が成立します（無期転換されるのは、申込時の有期雇用契約が終了する翌日からです）。

**CHECK**
※2　合理的な理由の有無については、最初の有期雇用契約の締結時から雇止めされた有期雇用契約の満了時までの間におけるあらゆる事情が総合的に勘案されます。

### ■ 有期雇用契約者の雇止め

　1年あるいは6ヵ月といった期間の定めのある雇用契約を「有期雇用契約」と言います。

　有期雇用契約の従業員が期間満了で退職することを「雇止め」と言い、これは自然退職とみなされます。しかし、**有期雇用契約を何度も更新した上で「雇止め」をするということになると、「解雇」と同じ扱いになってしまうことがあります。**

### ■ トラブル防止のために更新の有無と判断基準を明確に

　この「基準」により、会社は有期雇用契約を更新するか否か、更新があるとすればどんな判断基準に基づき行われるかについて、契約の締結時に文書で明示しなければなりません。**判断基準については、契約期間満了時の業務量、本人の勤務成績・態度・能力、本人の健康状態、会社の経営状況、従事している業務の進捗状況等が考えられます。**会社の状況や職種等を考慮し、判断基準を定めた上、契約を締結する際に従業員に伝えておきましょう。

## ■ 改正労働契約法について

平成25年4月1日に有期契約社員の雇用に大きく関わる法律「改正労働契約法」が施行されました。改正の内容は以下の3つです。

> 1. **無期雇用契約への転換**
>    有期雇用契約が反復して更新されその期間が通算5年を超える場合、従業員はその契約期間中に、無期転換の申込みをすることができます(※1)。
> 2. **雇止め法理の法定化**
>    下記の①②のいずれかの場合で、雇止めをすることが客観的に合理的な理由を欠き、社会通念上相当であると認められないときは、雇止めが認められず、(従業員からの申込みにより) 有期雇用契約が更新されます。
>    ①過去に反復更新された有期雇用契約で、その雇止めが無期雇用契約の解雇と社会通念上同視できる
>    ②有期労働契約の契約期間の満了時に当該有期労働契約が更新されるものと期待することについて合理的な理由(※2)がある
> 3. **不合理な労働条件の禁止義務**
>    有期雇用契約者と無期雇用契約者との間で、期間の定めがあることによる不合理に労働条件の相違を設けることを禁止する。

### 📙規定例

**第○条　有期雇用契約者の契約終了と更新**
1. 期間の定めのある従業員の雇用契約は、期間の末日をもって終了し、その翌日に従業員としての身分を失う。**ただし、契約期間満了時の業務量、本人の勤務成績・態度・能力、本人の健康状態、会社の経営状況、従事している業務の進捗状況等を考慮し、会社が認める場合は、契約を更新する場合がある。**
2. 更新後の労働条件については、**都度個別に雇用契約を締結するものとする。**
3. **第1項の定めにかかわらず、解雇事由に該当する場合、会社は契約期間の途中であっても契約を解除することができるものとする。この場合は契約解除日の30日前に予告を行うものとする。**

# 9章 解雇・懲戒

1. 「解雇」の種類
2. 「普通解雇」を行う際の"根拠"を明確にする
3. 「懲戒」の種類と定め方
4. 定めていない事由を理由に「懲戒処分」はできない
5. 「整理解雇」を行う場合にクリアすべき4つの要素

# 1 「解雇」の種類

会社が従業員に対して一方的に雇用契約の解除を伝える解雇。就業規則で最も重要な事項のひとつである「解雇」の基本について理解しましょう。

> **トラブル回避のポイント**
> ● 解雇にはいくつもの種類があります。まずはその違いを理解してトラブル防止に努めましょう。

**根拠法令等**
労働契約法第16条

**メモ**
※1 労働基準法第20条

**重要**
※2 退職金規程において、「普通解雇の場合は規定どおりの支給額100％を支払い、懲戒解雇の場合は従業員本人に非（故意または重大な過失）があると判断し、退職金を一部減額あるいは支給しない」としている会社が多くあります。

### ■ 解雇の3つの種類

「解雇」とはわかりやすく言うと「従業員が会社から一方的に『辞めてください』と告げられること」です。その種類は大きく分けて①**普通解雇**、②**懲戒解雇**、③**整理解雇**の3つになります。

### ●解雇の種類

| | |
|---|---|
| ①普通解雇 | 従業員側に「問題行動」「能力不足」「勤務態度不良」等の問題があり、それを理由として行われる解雇 |
| ②懲戒解雇 | 犯罪行為などで「会社の名誉や信用を著しく失墜させた場合」や「職場の秩序や規律を著しく乱した場合」等に従業員を罰する意味で行われる解雇 |
| ③整理解雇 | 従業員に問題はなく、会社の業績が悪くなったとき等、会社都合で人員を整理するために行う解雇 |

### ■ 解雇は自由にできるか？

3つのいずれの解雇であっても、会社は安易に従業員を解雇することはできません。なぜなら、会社がいつでもどこでも勝手に従業員を解雇できたら、従業員は安心して働くことができないからです。会社が解雇を行うには「合理

的で社会通念上相当と考えられる理由」が必要になります。解雇に関するトラブルは、解雇の原因となった理由がこの「合理的で社会通念上相当」と認められるか否かという点で争われるケースがほとんどです。

就業規則に「解雇のルール」を定め、従業員に周知しておけば、解雇を行う場合にも「就業規則を根拠」としていることが明確になります。

## ■ 従業員から見た普通解雇と懲戒解雇の違い

普通解雇と懲戒解雇について、実際にそれぞれの解雇をした場合、どのような違いが発生するのでしょうか。そこには大きな違いが2つあります。それは、①解雇予告と②退職金の問題です。

**①解雇予告について**

普通解雇：会社が対象従業員に対して「あなたは○月○日をもって会社を辞めてください」と解雇予定日より「前に」予告する（伝える）ことを解雇予告と言います。この場合、法令（※1）では「30日前」までに解雇を告げるか、もしあらかじめ告げることができず即時に解雇を行うのであれば、30日分の「解雇予告手当を支払う」ことが必要とされています。

懲戒解雇：従業員の犯罪行為等が原因で行われる懲戒解雇の場合は、労働基準監督署に解雇予告の除外、認定を受ければ、解雇予告や解雇予告手当の支払いが免除されます。

**②退職金について**

普通解雇：退職金規程に基づき、減額せず支払われることがほとんどです。

懲戒解雇：一部減額あるいはまったく支払われないというパターンが多いと思われます（※2）。

**懲戒解雇**については、退職後も金銭的な不利益を該当者に与えることとなるため、**就業規則に規定された懲戒解雇事由以外では原則として解雇できない**と考えられています。**普通解雇についても、就業規則の解雇の規定に、合理的で従業員の問題行動と考えられる事由を具体的に列挙しておくことで、**「何をしてはいけないのか」を共有することが必要です。

## 2 「普通解雇」を行う際の"根拠"を明確にする

普通解雇を行う場合にも根拠が必要です。解雇事由には従業員の問題行動をきちんと列挙しましょう。

### トラブル回避のポイント

- 根拠なく従業員を解雇してしまうと大きなトラブルに発展します。どんな場合に普通解雇とするのか、その基準（解雇事由）を明確にしましょう。
- 就業規則に記載する「解雇事由」には想定される従業員の問題行動をできるかぎり列挙しましょう。

**根拠法令等**
労働契約法第16条

**CHECK**
※1 判例＜解雇が無効とされた事例＞
セガエンタープライゼス事件（東京地裁 平成11年10月15日）
会社が人事評価で平均的な水準に達していなかったことを理由に解雇を行った事例。

**CHECK**
※2 判例＜解雇が有効とされた事例＞
三井リース事件（東京地裁 平成6年11月10日）
会社が何度も配置転換をさせたり、業務を約3ヵ月間免除して教育訓練の機会を与えるなどの措置をとった上で解雇を行った事例。

### ■ 普通解雇を行う前の注意点

普通解雇とは、従業員側に「問題行動」「能力不足」「勤務態度不良」等の問題があり、それを理由として会社が行う解雇を言います。実際に普通解雇を行う場合に注意すべき点は、会社が該当する従業員に対して、**解雇前に「ある一定の努力（指導、教育訓練や職務転換等）をする必要がある」**ことです。会社がこの努力を怠っていきなり普通解雇を実行してしまうと、裁判などでは多くの場合「不当解雇である」と判断されてしまいます。

### ■ 普通解雇の事由を就業規則に明示する

会社が「解雇権（従業員を解雇する権利）」を濫用することは禁止されています。従業員の将来を左右するような懲戒解雇はもちろんのこと、普通解雇であっても、原則として就業規則に明記されていない理由で解雇をした場合、「解雇権を濫用した」とみなされる場合があります。就業規則には、想定される「従業員の問題行動」等をきちんと定めておくことが重要です。

📕 規定例

**第○条　普通解雇**
従業員が次の各号のいずれかに該当したときは解雇する。
(1) 勤務意欲が低い、または勤務態度が著しく不良で、改善が見込めないとき
(2) **勤務成績技能が不良で、配置転換によっても改善が見込めず、会社の従業員として適さないと認めるとき**
(3) 精神または身体の重大な障害により、**会社が適正な雇用管理を行い、雇用の継続に配慮してもなおその障害により業務に耐えられないと認められるとき、または完全な労務の提供ができないとき**
(4) **特定の地位、職種または一定の能力をもって業務を行うことを条件として雇い入れられた者で、業務遂行において会社の期待するその能力及び適確性が欠けると認められるとき**
(5) 事件・事故による心身の障害により、勤務を継続することが不可能となったとき、または完全な労務の提供ができないとき
(6) 天災事変その他やむを得ない事由により、事業の継続が不可能になったとき、あるいは雇用を維持することができなくなったとき
(7) 事業の縮小または廃止、その他事業の運営上やむを得ない事情により、従業員の減員が必要になったとき
(8) その他前各号に類する事由があるとき

## ココもおさえる　裁判における解雇の判断

　会社が能力不足を理由として従業員に対して行った普通解雇が、有効か否か裁判で争われた事例があります。

|普通解雇が無効とされた例| 能力不足を理由として解雇をする場合は、著しく労働能力が劣り向上の見込みがない場合に限られ、**まず会社が教育訓練や指導を実施する必要がある**ため、この解雇は無効であるとされました（※1）。

|普通解雇が有効とされた例| 何度も配置転換させた上、**業務を約3ヵ月間免除して教育訓練の機会を与えるなどの措置をとった**後に解雇を行ったことを勘案して解雇権の濫用にはあたらず、解雇は有効であるとされました（※2）。

## 3 「懲戒」の種類と定め方

従業員が問題を起こした場合、会社は「懲戒」を定めておくことで相応の罰を与えることができます。懲戒の種類と程度をしっかり定めましょう。

### トラブル回避のポイント
● 問題行動の程度に応じて懲戒の種類が変わることを記載しましょう。

**根拠法令等**
労働基準法第91条
減給の懲戒

**!重要**
※1 降格は継続的に続く取り扱いですから、その事案の内容（程度）に合った範囲で行う必要があります。「懲戒事由の程度」と「降格の程度」のバランスが悪いと「不利益変更（賃金引き下げ）」と受け止められてしまいます。

### ■ 懲戒の種類と意味をきちんと規定する

　会社が利益を追求する組織体である以上、ある一定のルールを犯した人には「もう二度としないでください」という意味を込めて罰則を科す（処分をする）ことを「懲戒処分」と言います。一般的な懲戒の種類としては、以下の6つがあります。

①**訓戒**…始末書をとり、「将来はこういうことをしないでください」と戒めることを言います。

②**減給**…始末書をとり、減給します。ただし、減給においては、労働基準法で**1回の額が平均賃金の1日分の2分の1を超え、総額が一賃金支払い期における賃金の総額の10分の1を超えないものとする**と決められています。この金額以上の減額はできませんので注意をしてください。

③**出勤停止**…出勤停止命令を出し、一定期間出勤を停止します。その間の賃金は支給しません。

④**降職・降格**…始末書をとり、役職・職位・資格・等級を下げます。

⑤**諭旨解雇**…⑥の懲戒解雇事由に該当する場合であっても、本人が反省をしている等情状酌量の余地がある場合に退職届を提出するように勧告します。

⑥**懲戒解雇**…会社が本人の責任を理由に解雇をする場合を言います。

　以上の懲戒処分の中で、注意が必要なのは②「減給」と④「降職・降格」の関係性です。「減給」については、労働基準法第91条により、減給額に上限が決められています。従業員が非常に悪質なことを行い、相応の罰として大幅な減給をしようとしても、法定以上の減給をすることはできません。また、原則としてひとつの罪については、1回の処分しかできないため、"向こう6ヵ月減給"という定めや対応をすることもできません。そこで、継続的な賃金カットを行う懲戒処分の方法として、④「降職・降格」があります。この場合は、その従業員を「降職・降格」することによって、必然的に給料も下げる（役職手当等が減額になる）という手続きをとることになるからです。そういう意味で「降職・降格」という項目は非常に重要な規定と言えます(※1)。

### 規定例

**第○条　懲戒の種類**
懲戒は、その情状により次の区分に従い行う
（1）訓　　戒…始末書をとり、将来を戒める
（2）減　　給…始末書をとり、減給する。減給は1回の額が平均賃金の1日分の半額、総額が一賃金支払い期における賃金総額の10分の1を超えない範囲で行う
（3）出勤停止…一定期間出勤を停止し、その期間の賃金は支給しない
（4）**降職・降格…現在の役職から下位の役職に変更する、もしくは役職をはずす。現在の職級から下位の職級に変更する。降職・降格のどちらかまたは両方を行う**
（5）論旨解雇…懲戒解雇事由に該当する場合、本人に退職届を提出するように勧告する。ただし、勧告をした日から7日以内に退職届の提出がない場合は懲戒解雇処分とする
（6）懲戒解雇…予告期間を設けることなく解雇する。この場合において所轄労働基準監督署署長の認定を受けたときは予告手当を支給することなく解雇する。情状により出勤停止または論旨解雇とすることがある

## 4 定めていない事由を理由に「懲戒処分」はできない

懲戒処分には「後出し」はできません。もしもの場合に備えて、懲戒の種類と程度に関する基準を事前に定めることが重要です。

### トラブル回避のポイント

- 懲戒処分の「後出し」はできません。あらかじめ考えられる限りの従業員の問題行動を列挙しておくことが大切です。
- 懲戒解雇の事由は他の懲戒事由と分けて、明確に記載しましょう。

> **メモ**
> ※1 「限定列挙」とは、処分となる問題行動が、あらかじめ就業規則に記載されていなければ処分の対象にはなり得ないという考えで、法律用語ではなく、判例から出た言葉です。

### ■ 懲戒処分の理由の後出しはできない

就業規則には、どのような行為が懲戒の対象になるかを定めておきましょう。そうすることによって、従業員はあらかじめ「こんなことをすると罰則を受けるんだ」と理解できます。**就業規則に定めていない内容（事由）を理由に懲戒処分にすることはできません。**こうした考え方・取り扱いを限定列挙と言います（※1）。そのため、就業規則に懲戒の事由を記載する場合には、あらかじめ従業員の問題行動を想定し、過去の問題を洗い出し、考え得るかぎり具体的に記載しておく必要があります。

### ■ 懲戒処分の段階

前項でも触れましたが、「懲戒解雇」は非常に重く厳しい処分です。一度懲戒解雇というレッテルを貼られると、将来の再就職にも支障をきたすことがあり、ある意味で本人の人生を大きく左右する処分でもあります。したがって懲戒解雇と他の処分（訓戒などの比較的軽い懲戒処分）を同じ事由で行うということは考えにくく、実際に各懲戒処分を行う場合に、何らかの根拠が必要になります。

そのためにも、**特に懲戒解雇と他の処分については、懲戒処分の事由を別に記載し、懲戒解雇のほうを重い事由に限定・明記すべきです**。ただし、いくら就業規則に定めたからといって、懲戒解雇も解雇である以上、合理的で社会通念上相当と考えられなければ、不当解雇になる可能性があります。懲戒解雇事由に該当する内容であるかどうかについては十分検討して定めましょう。

■ 状況に応じて諭旨解雇などを利用する

従業員が懲戒解雇の事由に値する問題行動を起こしたとしても、本人に情状酌量の余地がある場合や、会社がその従業員の将来のことを勘案し、会社としてその従業員を懲戒解雇にはしないほうがよいと判断する場合もあります。そのようなときのために、「情状により出勤停止または諭旨解雇とすることがある」という規定を加えておくことで、懲戒解雇事由に該当する場合でも会社にとっていくつかの選択肢ができます（本章3項規定例参照）。

■ 懲戒処分の規定に加えておくこと

懲戒事由を検討する際に特に重要なことは、刑法にかかわるような犯罪を犯した場合はもちろんのこと、業界における問題行動も記載するということです。例えば、運送業界においては酒気帯び運転は他の業界より厳しい規定を設けるべきですし、小売業においては、金銭の授受に関することにおいて、より厳しい規定を設けることも考えられます。また、最近の傾向として、「インターネット関連の不正使用」「情報漏えい」「パワーハラスメント」「セクシュアルハラスメント」に関係する内容が増えてきています。

> **ココもおさえる**　「諭旨解雇」と「退職願の締切日」
>
> 懲戒解雇事由ではあるが会社としても情状酌量の余地がある場合に「退職願を提出して自ら退職する」ことを提示する懲戒処分が「諭旨解雇」です。ここで大切なのが「退職願の締切日」です。情状酌量の余地があるとはいえ、懲戒解雇に匹敵する行為をした従業員であることには変わりありませんし、いつまで経っても「考え中」（退職願を提出しない）ということになりかねません。「締切期限」をしっかり決めておき、「これを越えた場合には懲戒解雇とすること」を明記しておきましょう。

> 重要
> ※2 就業規則に記載された事項以外で懲戒処分はできません。そのため、従業員の非行行為を列挙することが望ましいのですが、それでも網羅しきれない可能性があります。よって、条文の最後に「その他規則に違反し、前各号に準ずる不都合な行為のあったとき」という文言を加え、もしもの場合に対応します。

> メモ
> せっかく懲戒処分の規定を作成しても、従業員に説明をしておかなければその規定も絵に描いた餅になります。就業規則の規定はいずれも重要ですが、特に服務規律や懲戒処分規定は従業員が知らなかったということのないようにしましょう。

### 規定例

**第○条　懲戒の事由**

1. 従業員が次のいずれかに該当するときは、**情状に応じ訓戒、出勤停止、降職・降格または諭旨解雇とする。**
   (1) 正当な理由なく、無断欠勤が連続、断続を問わず7日以上に及ぶとき
   (2) 正当な理由なく、しばしば欠勤、遅刻、早退するなど勤務を怠ったとき
   (3) 過失により会社に多大なる損害を与えたとき
   (4) 素行不良で、会社内の秩序または風紀を乱したとき（セクシュアルハラスメントによるものを含む）
   (5) 会社の定める健康診断を受診しないとき
   (6) 許可なく職務以外の目的で会社の設備、物品等（会社の電話・携帯電話、またはコンピューター等）を使用し、または貸与したり、私事のために社外へ持ち出したとき
   (7) 上司の指示に従わず、同僚との協調性がなく、業務に支障をきたすとき
   (8) 定められた届出をせず、許可のない残業や休日勤務を複数回行ったとき
   (9) 故意または重大な過失によってコンピューター、カメラ、フロッピー、ハードディスク、レコーダー等の会社の重要な情報を消去もしくは使用不能の状態にしたとき、または会社の建物、機械、器具、備品等を汚損、破壊したとき
   (10) 道路交通法上相当の違反行為があったとき
   (11) 施設内で、賭けごと、賭博その他これに類似する行為を行ったとき
   (12) その他規則及び諸規程に違反し、前各号に準ずる不都合な行為のあったとき（※2）

2. 従業員が次のいずれかに該当するときは、**懲戒解雇する。ただし、情状により出勤停止または諭旨解雇とす**

ることがある。
(1) 正当な理由なく、無断欠席が連続、断続を問わず14日以上に及び、出勤の督促に応じない、または連絡が取れないとき
(2) 正当な理由なく、頻繁に遅刻、早退または欠勤を繰り返し、再三の注意を受けても改めないとき
(3) 故意または重大な過失により、会社に重大な損害を与えたとき
(4) 重要な経歴を偽り採用されたとき、及び重大な虚偽の届出または申告を行ったとき
(5) 重大な報告を疎かにした、または虚偽報告を行った場合で、会社に損害を与えたときまたは会社の信用を害したとき
(6) 素行不良で、著しく会社内の秩序または風紀を乱したとき(セクシュアルハラスメントによるものを含む)
(7) 会社に属するコンピューターによりインターネット、電子メール等を無断で私的に使用して猥褻物等を送受信し、または他人に対する嫌がらせ、セクシュアルハラスメント等反社会的行為に及んだ場合
(8) 故意または重大な過失によって会社の建物、施設、備品等を汚損、破壊、使用不能の状態等にしたとき、またはフロッピーディスク、ハードディスク等の会社の重要な情報を消去もしくは使用不能の状態にしたとき
(9) 会社及び関係取引先の重大な秘密及びその他の情報を漏らし、あるいは漏らそうとしたとき
(10) 会社内における窃盗、横領、背任または傷害等刑法等の犯罪に該当する行為があったとき
(11) 刑事事件で有罪判決を受け、会社の品位、イメージを著しく汚し、会社の信用を失墜させたとき
(12) 会計、経理、決算、契約に関わる不正行為または不正と認められる行為等、金銭、会計、契約等の管理上ふさわしくない行為を行い、会社の信用を害すると認められるとき
(13) 服務規律に違反する重大な行為があったとき
(14) その他この規則及び諸規程に違反し、または非違行為を繰り返し、あるいは前各号に準ずる重大な行為があったとき

## 5 「整理解雇」を行う場合にクリアすべき4つの要素

会社の財政状況が悪化しているからといって安易に従業員を辞めさせることはできません。整理解雇を行う場合のポイントをおさえましょう。

### トラブル回避のポイント

- 整理解雇をする際も、安易な解雇はできません。整理解雇の要件を理解しておきましょう。
- 「普通解雇」の規定のひとつに、事業の縮小等で人員を整理する場合もあることを明確に記しておきましょう。

**根拠法令等**
労働契約法第16条

**重要**
※1 整理解雇も解雇なので、就業規則に定めておく必要があります。条文として「整理解雇」の項目を設けることも可能ですが、多くの場合、「普通解雇」の項目の中に"事業の縮小等で、人員整理を余儀なくされることがあった場合に解雇する"と定めるケースが多くあります。

**CHECK**
※2 東洋酸素事件（東京高裁昭和54年10月29日）
十分な従業員説明はありませんでしたが、会社の特定部署を整理するにあたり、人員整理の必要性、人員選択の合理性が認められ、解雇が有効とされた事例。

### ■ 整理解雇の注意事項

　会社が業績不振等による人件費削減を目的として「整理解雇」という選択を余儀なくされることもあります。このとき、どのようなことに気をつければよいのでしょうか。**整理解雇も、「解雇」であることには変わりませんので「解雇の原則」は適用されます。**つまり、事前の準備や何の根拠もなく「売上げが減少しているからどんどん人を辞めさせて人件費を削減しよう」ということはできません（※1）。

### ■ 整理解雇を実施するための判断要素

　整理解雇が妥当であるかどうかについては、次のような判断要素があります。
①会社に人員整理の**必要性**があるかどうか
②整理解雇を避けるために**会社が努力**をしたかどうか
③対象となる人員の**選択に合理性**があるかどうか
④従業員（組合）に十分な**説明**がなされているかどうか
　これらは「整理解雇の4要件」あるいは「4要素」と言われています。以前はこの4つの要件をすべて満たしてい

なければ、会社は解雇権を濫用したとして解雇そのものが無効になっていました。最近は、この4つすべてでなくとも、何点かを満たせば整理解雇の有効性が認められるという裁判所の判決も出ています（※2）。

最終的に会社の規模や状況との総合判断になりますが、従業員の納得度を高めるためにも、できるだけ上記の4つの要素を満たすように準備を進めたほうがよいでしょう。

■ **整理解雇に対する考え方**

整理解雇とは、そもそも従業員側にとっては直接の落ち度がないにもかかわらず、会社を辞めざるを得ない状況になることです。どのような手続きを踏むにしても、会社は相応の誠意と合理性をもって対応しなくてはなりません。

実際に整理解雇を進めるにあたっては、いきなり解雇を実行するのではなく、まず希望退職を募る、あるいは退職勧奨をするなどの手順を踏むことが重要です。希望退職や退職勧奨の場合、退職金の割増等、条件の上乗せが必要になりますが、結果的には「合意で退職を決めた」ことになるので、トラブルに発展しにくいというメリットがあります。

#### 規定例

第○条　普通解雇（本章2項規定例参照）
(7) 事業の縮小または廃止、その他事業の運営上やむを得ない事情により、従業員の減員が必要になったとき

#### ココもおさえる　退職証明書の交付は会社の義務です！

退職者から退職の事由について証明を求められた場合、会社は文書により退職証明書を交付しなければならないことになっています。これは会社の義務ですので、求められた場合は必ず交付しなければなりません。

# 10章 表彰・安全・健康管理

1. 「表彰」で従業員のモチベーションを上げる
2. 従業員の「安全と健康を守る」のは会社の義務
3. 従業員の健康を守る「健康診断」のルールを確認する
4. 伝染病にかかった従業員への「就業禁止」の判断
5. 「パートタイマーのための就業規則」を作成しよう
6. 従業員の"やる気"は会社の財産

# 1 「表彰」で従業員のモチベーションを上げる

人は認められることによってやる気がでます。従業員のモチベーションをアップさせるために「表彰」制度をつくりましょう。

### 従業員のやる気アップのポイント
● 目に見える形でほめるために「表彰」を制度化しましょう。

> **メモ**
> ※1　表彰とは、法令で義務として定められた規定ではありませんが、従業員の活力の素になります。

## ■ 人はほめられるとやる気になる

人はほめられるとやる気になります。ほめられることによって脳内物質が活発に分泌され、気持ちがよくなります。ましてや、単に言葉でほめられるだけではなく、仲間の前で表彰され、金一封や記念品をもらえるのなら、モチベーションはさらにアップするでしょう。従業員のモチベーションがいまひとつ上がらないと悩んでいる会社では、まず日常的に従業員をほめることを心がけ、制度として表彰制度をつくりましょう（※1）。

## ■ 表彰制度をつくる

最近は、年に1回あるいは半年に1回、表彰制度を設けている会社が増えています。就業規則等であえて文書化していなくても、「営業成績のよかった従業員を表彰する」「特別な資格を取った従業員を全体会議でねぎらう」等ということは、恒常的に多くの会社で行われています。

**表彰を制度化することにより、成果の上がったケース**があります。従業員70名程度の企業です。この会社では数年前から年に2回、表彰を行っていました。法令改正の折、それを踏まえて就業規則としてルール化し、全従業員に説

明会を行いました。表彰対象の基準を明確にし、誰でも表彰される可能性があることやその折には全従業員の前で表彰状と金一封が手渡されることを伝えたのです。その結果、日常の業務の中で「これって表彰の対象になると思う？」といった前向きな発言や工夫が多くなり、社内が明るくなりました。日常に埋もれている「よい制度」をぜひ文書化し、従業員に周知をしましょう。

### 規定例

**第○条　表彰**
1. 従業員が次の各号の一に該当する場合には、その都度審査の上表彰する。
    (1) 業務上著しい改善があり、会社の売上げや運営に貢献した場合
    (2) 永年勤続し、その勤務成績が他の模範に足ると認めた場合
    (3) 非常災害時、人命救助・財産保全に献身的行為、または災害の防止に顕著な業績があった場合
    (4) その他会社運営上特別な功績または善行があった場合
2. 表彰は、毎年○月と○月に行い、表彰状及び金一封・記念品を授与するものとする。

### ココもおさえる　表彰制度がモチベーションアップに役立った事例

　表彰制度がモチベーションアップに役立っている別の例をあげます。全国にチェーン展開しているあるスーパーでは、年に1回、職場の発展に大きく寄与した従業員を本社に集め、表彰するとともに記念品の授与をし、社長との会食を特典にしています。表彰対象者は、接客や売り場の工夫をして直接売上げに貢献した人だけでなく、バックヤードで普段目につかない成果（ごみを減らした等）をあげた人にも平等に巡ってきます。また正社員・パートタイマーの区別もありません。この会社では、各営業所をあげて、魅力ある従業員を選抜しようと毎年テーマを決めて表彰を行っているそうです。

## 2 従業員の「安全と健康を守る」のは会社の義務

成果の上がる仕事をするためには健康第一です。従業員の健康を守るために、会社と従業員それぞれが行わなくてはならないことがあります。

### トラブル回避のポイント
- 会社に課せられた安全配慮義務を理解しましょう。
- 従業員自らが自分の健康に留意する必要があることを明示しましょう。

**根拠法令等**
労働安全衛生法第3条第1項 事業者等の責務

**重要**
※1 「安全配慮義務」には従業員の身体だけではなく、「心の健康」も含まれます。
従業員の心のケアも会社に課せられた義務であると理解しましょう。

### ■ 従業員の安全と健康を守る義務

そもそも雇用契約とは、会社が従業員からの労働を受け取り、その対価として賃金を払うという契約です。その中で、**会社は単に賃金を支払うというだけではなく、働いている従業員の安全と健康を守る義務も負っています**。これを「**安全配慮義務**」と言います。従業員に長時間にわたる過重な労働をさせたり、劣悪な就業環境で労働を強いたりした結果、従業員の安全や健康が損なわれた場合、会社はこの「安全配慮義務」を怠ったとして損害賠償責任を問われることもあります（※1）。

### ●雇用契約のしくみと安全配慮義務

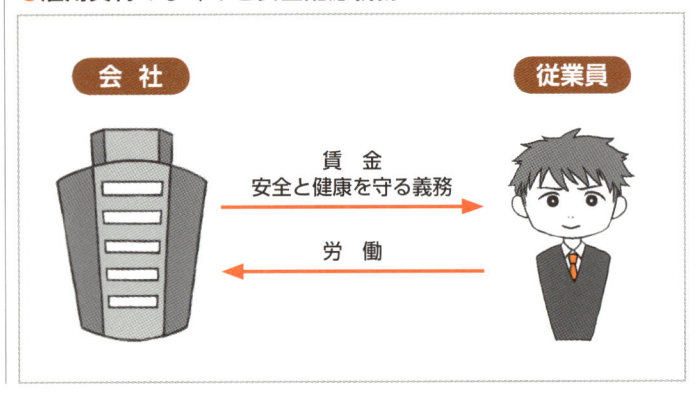

会社 → 賃金／安全と健康を守る義務 → 従業員
従業員 → 労働 → 会社

## ■ 従業員の健康保持増進の意識を高める

　従業員の安全や健康の問題は、会社だけが頑張ってもその成果に限界があります。業務中の不注意や私生活での健康管理に関しては、従業員自らが「自分の安全や健康は自分で管理して守る」という意識を持たなければ、改善することはできません。就業規則に「健康保持増進のための責務」について明記し、健康に対する意識を高めることが大切です。

### 規定例

**第○条　安全及び衛生の向上**
1. 会社は、従業員の安全衛生の確保及び改善を図り、快適な職場の形成のための必要な措置を講ずる。
2. 従業員は、安全衛生に関する法令及び会社の指示を守り、会社と協力して労働災害の防止に努めるとともに、特に安全、防災に関し、次の事項を守らなければならない。
　（1）消火栓、消化器等の機器（資材）の設置場所や取り扱い方法の熟知
　（2）ガス、電気、危険物、有害物質等の慎重な取り扱い
　（3）通路、階段、非常口、消火設備の空間確保（物品を放置しない）
　（4）非常災害時における顧客等の避難誘導等、適切な措置
　（5）前各号の他、安全、防災に関する管理者の指示に従うこと

**第○条　健康保持増進のための責務**
従業員は職務上の安全衛生の保持、及び危害防止に万全を期することはもちろん、**日頃から自らの健康の維持・増進に積極的に取り組まなければならない。**

### ココもおさえる　安全衛生の確保を怠ると書類送検になることも

　業務上の事故を労働者災害（労災）と言い、各地域の労働基準監督署がその管理にあたっています。職場の安全管理を怠ったために大きな業務災害が発生し、書類送検をされる企業が後を絶ちません。このようなことが起こると企業イメージの低下や従業員のモチベーションが著しく下がります。日ごろから、安全については十分に気を配り、職場全体として意識を向上させていくことが求められます。

## 3 従業員の健康を守る「健康診断」のルールを確認する

従業員に健康診断を受けさせること、その健康診断結果を保存することは会社の義務です。

### トラブル回避のポイント

● 健康診断の受診や診断書類の提出を拒む従業員については「懲戒処分」とする場合があることを明記し、きちんと受診させる体制をつくりましょう。

**根拠法令等**
労働安全衛生法第66条第1項　健康診断
労働安全衛生第3条第1項　事業者等の責務

**CHECK**
※1　有害業務に従事する者(粉じんや鉛等の有害物質を取り扱う従業員)は、特殊健康診断(6ヵ月に1回)を行うことが義務付けられています。また、深夜業(午後10時～午前5時)に従事する労働者についても、6ヵ月に1回健康診断を受診させる必要があります。

**CHECK**
※2　健康状態の管理が必要であるため、会社には健康診断結果を5年間「保存」しておくことも義務付けられています。

#### ■ 健康診断の実施は会社の義務

会社には、従業員の「安全と健康を守る義務」が課せられ、**原則として、年に1回健康診断を従業員に受診させなければならないことになっています**(※1)。健康診断の結果、従業員の体に異常が見られた場合には、仕事を休ませたり仕事内容を見直したりしなくてはなりません(※2)。

#### ■ 定期健康診断を受診する義務がある従業員の範囲

定期健康診断の対象者は「常時使用する従業員」です。下記に該当すれば、パートタイマーも対象です。
・期間の定めのない雇用契約をしている者(正社員)
・1年以上使用されることが予定されている者
・パートタイマーで、1週間の所定労働時間が、同種業務に従事する正社員の「4分の3以上」の者

#### ■ 健康診断の受診を「業務命令」にする

法令上、従業員の側には「受診しなければならない」義務があります。しかし、会社側と違って罰則がありません。従業員が「受診したくない」という態度をとった場合の対策を就業規則に定めておくことが重要になります。

就業規則等で「健康診断は必ず受診するものとする」（業務命令）としておくことで、対象者の「受診拒否」について明確に「ルール違反」とすることができます。従わない場合には懲戒処分の対象とすることがある、ということまで定めておくと万全です。

### ■ 心の健康も会社の責任

国が会社に義務付けている安全配慮義務には、**身体だけではなく「心の健康」も含まれています**。つまり、会社は従業員のメンタルヘルスに対して、何らかの対応を行い、従業員の精神状態を健全に保つようにしなければならないのです。これは、従業員が1日の大部分を過ごす「会社の環境」が心の健康に大きく影響している、という考え方に基づくものです。

メンタル面で「ちょっと最近あの人、不調気味かも？」と気がつくのは、「まず同僚」「2番目に上司」「最後に家族」という統計も出ています。もし自分が心を病んでしまったらと考えたとき、メンタルヘルス対策がしっかり整っているという会社であれば従業員は心強く安心して働くことができるでしょう。

#### 📕規定例

**第○条　健康診断**
1. 会社は従業員に対しては、入社の際及び毎年1回（常態として深夜業に従事する者は年2回）定期健康診断を実施する。また、法令で定める有害業務に従事する者には、別途法令に基づく回数及び特別の項目による健康診断を加えて実施する。
2. 従業員は健康診断の受診、及び診断結果の提出を**拒むことができない。正当な理由がなくこれを拒んだ場合は、懲戒処分に処する場合がある。**

**第○条　メンタルヘルスサポート**
会社は、従業員が職場でのストレスなどから生じるメンタルヘルス面で不全にならないように、定期的に医師や心理相談員など専門家の相談日を設けるとともに、必要と認めた場合や、従業員の希望があった場合はカウンセリングや診断日を設け、メンタル面でのサポートを行う。

# 4 伝染病にかかった従業員への「就業禁止」の判断

会社に関わる多くの人の健康を守るために、法定伝染病にかかった従業員の出社を禁止することも大事です。

### トラブル回避のポイント

- 従業員の職場環境を守るため、伝染病にかかった従業員や精神疾患で他人に危害を加えるような従業員の就業を禁止する規定をつくりましょう。
- 就業禁止期間中の賃金は無給か有給か、また、病気の回復後、誰がどのように出社判断をするのかを定めておく必要があります。

**根拠法令等**
労働安全衛生法第68条　病者の就業禁止

**メモ**
※1 「感染症の予防及び感染症の患者に対する医療に関する法律第18条第2項」には、感染症の全国的な大感染を防ぐために「厚生労働省令で定める期間従事してはならない」という規定を設けています。

**メモ**
※2 原因が「不可抗力」であれば、休業手当の支払いは義務ではありません。不可抗力の要件は、①原因が事業の外部より発生した事故であること、②事業主が通常の経営者として最大の注意を尽くしてなお避けることのできない事故であることの両方を満たしていることです。

## ■ 会社に課せられた就業環境を守る義務

前項で述べたように、**会社には社内の安全や衛生環境を守ることが義務付けられています**。そのため、従業員が伝染病にかかった場合や、就業を続けることによって病気が悪化するような場合、また精神疾患により他者に危害を加えるような場合、就業を禁止する必要があります（※1）。就業禁止の規定をつくる際は、「どのような場合に就業禁止となるのか？」「就業禁止で会社を休んでいる間、給料はどうなるのか？」をはっきりと記載する必要があります。

## ■ 会社命令で就業が禁止される期間の賃金

従業員が新型インフルエンザ等の感染症や伝染病と指定された病気にかかった場合は厚生労働省令により就業が禁止されているため、**無給でもかまいません**。一方「同居の家族」が新型インフルエンザ等にかかったことを理由に、**会社の判断で（大事を取って）従業員本人を強制的に休ませる場合は、休業手当として平均賃金の6割以上を支払う必要があります**（※2）。また、飲食店等で、感染を防ぐた

めに会社の判断により営業自体を休止し、結果として伝染病にかかっていない従業員を休ませた場合も休業手当を支払う必要があります。

■ **病気回復後の出社判断を本人任せにしない**

病気が回復した場合は、必ず会社に報告をし、出社時期の指示を仰ぐように定めましょう。**場合によっては出社の時期を判断するために、医師からの診断書を提出させることもあり得ることを就業規則に記載しておくとよいでしょう。**また伝染病においては初期対応が肝心です。日ごろから伝染病に対応した事業継続計画（企業が緊急事態に遭遇した場合に、事業の継続・早期復旧を目的として、日ごろ準備しておくべきことなどを取り決めておく計画）をつくるなどして、「万が一」の事態に備えられるようにしておきましょう。

📕 規定例

**第○条　就業禁止**
1. 会社は、職場の就業環境を守るため従業員本人またはその同居の家族や接触頻度の高い近隣の住民が次のいずれかに該当する場合、その従業員の就業を禁止することがある。この場合、従業員は就業禁止命令に従わなければならない。
    (1) 伝染病及び精神病その他これに類する疾病にかかった場合、またはその疑いがある場合
    (2) 内臓疾患その他これに類する疾病にかかり、労働することによって病状が悪化するおそれがある場合
    (3) その他前各号に準ずる疾病で厚生労働大臣が定める疾病にかかった場合
2. 本人が疾病にかかった場合、前項の就業禁止の期間は原則無給とする。
3. 同居の家族や接触頻度の高い近隣住民が疾病にかかった場合、会社は第1項の就業禁止の期間中平均賃金の60％を休業手当として支払うものとする。
4. 治癒後の復職時期に関しては、会社に報告の上、指示を仰ぐものとする。
5. 会社が復職時期の判断を行う際に、会社は主治医あるいは会社指定の医師の診断書の提出を求めることがある。この場合は、従業員はすみやかに診断書の提出を行わなければならない。

## 5 「パートタイマーのための就業規則」を作成しよう

パートタイマーやアルバイト等、非正規雇用の従業員も会社の一員です。正社員以外の従業員の働くルールも定めましょう。

### 従業員のやる気アップのポイント

- 正社員以外の働き方をする従業員用の就業規則をつくることによってモチベーションをアップしましょう。
- 正社員と違う部分を明確にしましょう。

**根拠法令等**
パートタイム労働法

**CHECK**
※1　会社によっては、パートタイマー就業規則の他に、「定年後再雇用者就業規則」、「契約社員就業規則」をつくっているケースもあります。それぞれに従業員に守ってほしいことや、労働時間等の契約内容が書かれています。

**重要**
※2　パートタイマー就業規則をつくる際には、パートタイマーの過半数代表の意見を聞くことが努力義務として定められています。また、「パートタイム労働法」によるとパートタイマーとは「短時間労働者」を意味します。短時間労働者とは、1週間の所定労働時間が同じ事業所で働く正社員より短い従業員を言います。

### ■ 認められることの必要性

今、日本の会社では正社員以外の働き方をする人が増えています。正社員以外の働き方には、パートタイマーやアルバイト、契約社員、また嘱託社員等があり、総称して「非正規社員」という呼び方をします。非正規社員の比率は年々増え、今や全従業員の3割を超えています。

しかし、非正規社員用の就業規則をつくっていない会社が多いのも実態です。**会社を構成するのは正社員のみではありません。**構成員のひとりであるにもかかわらず、ルールもなく雇い入れられているのでは、非正規社員のモチベーションが上がらないのもやむを得ないこととは考えられないでしょうか。ぜひ、非正規社員用の就業規則をつくり、それを周知することによって、労使双方の意識を向上させてください（※1）。

### ■ 非正規社員の就業規則に記載すること

就業規則であるからには、正社員の就業規則と同様「就業規則の絶対的記載事項」（1章2項参照）については、記載する必要があります。それに加えて、非正規社員用の就

業規則で特に重要なことは、**正社員と違う点を明確にする**という点です。仮に、休職について、非正規社員については、正社員と別の期間を定めているのであればそれを明示するべきですし、服務規律において、特にこういう点は守って欲しいという点があれば、それを記載するべきでしょう。重要なことは、会社の実態と従業員構成に即した就業規則をつくるということです。

### ■ 従業員の定義を明確にする

非正規社員には様々な労働条件の人がいます。呼び名も会社によって違い、「非常勤職員」「準社員」という名前がついていることもあります。労働条件も様々で、時給制で正社員より短い時間で働く場合もあれば、月給制でフルタイムで働くけれども有期雇用契約で働くというパターンもあります。従業員の名前についてはどのような名前をつけても問題にはなりません。問題は、上記のように会社によって呼び名や定義が違うにもかかわらず、それをあいまいにしていることです。正社員以外の従業員がいる場合は、その従業員に対する就業規則を作成し、必ず**どういう定義の従業員がその就業規則に適用されるのか**、誰が見てもわかるように記載をしておく必要があります（※2）。

### ■ 非正規社員の雇用契約と就業規則の関係

非正規社員との雇用契約についても、正社員同様必ず書面で行いましょう。この際、契約内容が労働基準法や就業規則の内容を下回っていると、その部分は無効となり、労働基準法や就業規則の内容が自動的に適用されることになります。反対に、就業規則より従業員にとって有利となる内容を雇用契約に定めた場合、いくら「就業規則のほうが優先順位が高い」といっても、個別の契約内容のほうが優先されます。

正社員より多様なケースが想定させる非正規社員との雇用契約においては、就業規則の内容と整合性がとれているか、十分注意が必要です。

●優先順位

労働基準法 ＞ 労働協約 ＞ 就業規則 ＞ 個別の雇用契約

## 6 従業員の"やる気"は会社の財産

売上げを上げ、会社が長く存続していくために、本当に大切なのは、従業員の"やる気"です。やる気をアップする方法を日ごろから工夫しましょう。

### 従業員のやる気アップのポイント

● 就業規則を通じて、会社の方向性、社長の"夢"を従業員に示しましょう。

> **！重要**
> 労使間のトラブルが労働審判や裁判に発展した場合、必ず就業規則の規定がどうなっているのか、また、周知はきちんとされていたのかが問題になります。就業規則を会社や経営者の理念にそったものにすることは大切なポイントですが、それと同時に法律にのっとることや、会社の実態に合わせた無理のない規則をつくることも大変重要なことと言えます。

### ■ 会社で就業規則を活かしているか

　就業規則は会社のルールブック、あるいは憲法とも言われています。また、従業員と会社の包括的な雇用契約書の役割も果たしています。ちなみに、アメリカやヨーロッパには就業規則はなく、すべてが分厚い個別の契約書で処理されています。個別の契約書だからこそ、契約を結ぶときに慎重にもなるし、真剣に内容を確認しようともします。そういう観点から見れば、日本の就業規則は、非常に効率的な反面、逆に軽視されるという傾向もあるようです。小さな会社では古い就業規則のまま放置されていたり、作成していても周知していないということが多くあります。

　就業規則は隠しておくものではなく、堂々と公表し、会社を発展させるために使うべきものです。契約とは、双方の利益を守るものであり、決してどちらかに無理難題を押し付けるものではないからです。

　皆さんの会社でもぜひ就業規則を、ときに会社のリスクを回避し、ときに従業員のやる気をアップさせるものとして活用してください。**就業規則は会社の発展に役立つ強力なツールです**。従業員がなかなかやる気にならないと思っているのであれば、理想とする従業員像をイメージし、そ

れに沿った就業規則をつくればよいのです。

■ **就業規則を変えて効果が出た事例**

　始業時刻直前に会社に到着し、慌ててタイムカードを押す従業員が2～3名いたため、会社全体の雰囲気が雑然としていた会社がありました。就業規則を変更する際に「始業時刻とは、業務を開始する時間である」ことを明示し、従業員にもその言葉の意味を説明し周知しました。その結果、ぎりぎりに駆け込む従業員がいなくなり、始業時刻には全体が落ち着いた雰囲気で業務を始められるようになりました。

　また、健康診断を拒否し続けていた従業員がいた会社では、健康診断を受診させることは会社の義務であり、従業員もそれを拒否できず、正当な理由なく拒否した場合は、懲戒処分も辞さないという規定を定め、周知した結果、その従業員が健康診断を受診したばかりでなく、たまたま診断結果に異常が見つかり、初期に対応ができました。放置していたら、いつ倒れてもおかしくない重大な病気に発展していたそうです。あれほど拒否していた従業員が「会社の言うとおりにしてよかったです。今は感謝しています」と言っているそうです。

■ **従業員のやる気は会社の財産**

　会社は複数の組織や人で構成されています。構成員である従業員の意識がガラリと変われば、会社も変わります。変化のきっかけは「やる気」です。社長がいくらひとりで頑張っていても、できることは限られています。**従業員のやる気をいかに持続させ、向上させるか**、そのことに焦点を当て、様々なルールや規程をつくっていくとよいでしょう。

　従業員のやる気は会社の財産です。

　やる気をそぐ文化や風土、慣習を撤廃し、新しいルールをつくり、会社を活性化させてください。そのツールとして就業規則を活用することをおすすめします。

■著者略歴

岡本 豪（おかもと たけし）
社会保険労務士・行政書士岡本事務所 代表　　http://www.okamoto-s-kisoku.jp/
　神奈川県出身。立教大学社会学部卒業後、大手スーパーにて鮮魚売場マネージャーを歴任。試験合格後、社会保険労務士事務所にて就業規則作成・手続代行・労務相談等の実績を積み、平成21年、神奈川県座間市で事務所設立。就業規則作成を中心に、親しみある笑顔とわかりやすい語り口で経営者のよき相談相手となっている。平成23年度厚生労働省委託事業「人事労務担当者のための母性健康管理研修会」講師を全国7会場で務めた実績がある。


假谷 美香（かりや みか）
グリーン社会保険労務士事務所 代表　　http://www.greensr.net/
　愛媛県出身。中央大学商学部部卒業後、大手ミシンメーカーにて550支店の営業支援等マーケティングに携わる。その後、農業ベンチャー会社にて、総務の責任者を経験し、千葉県船橋市で事務所設立。会社のメンタルヘルス対策、就業規則、人事制度の策定を中心に、経営者のよき相談役であり支援者となっている。また、全国の商工会議所、法人会、農業共済組合等で多数セミナー実績がある。


松本 明弘（まつもと あきひろ）
社会保険労務士松本事務所 代表　　http://www.sr-matsumoto.com/
　富山県出身。中央大学経済学部卒業後、民間会社に就職。営業職を経て東京支店長等歴任。平成16年、社会保険労務士試験合格。社会保険労務士事務所等で就業規則作成や労使トラブル解決の実績を積み、平成19年、富山県富山市で社会保険労務士 松本事務所設立。就業規則や人事制度の作成をはじめとした人事労務コンサルティング業務を中心に、高い評価を得ている実力派社労士である。


三橋 由寛（みつはし よしひろ）
ミツハシ社会保険労務士事務所 代表　　http://www.3284sr.biz/
　広島県出身。法政大学経済学部卒業後、大手外食チェーンにて店舗管理等の業務に携わる。その後外資系生命保険会社を経て平成18年、千葉県船橋市にて事務所設立、平成23年東京・麹町に事務所移転。就業規則・人事制度（退職金・企業年金）の策定を中心に、中小企業における経営問題の解決にあたっている。セミナー講師としても損害保険会社、生命保険会社等で多数の実績がある。

■監修者略歴

## 久保社会保険労務士法人

所長　久保太郎：全国労働保険事務組合連合会副会長　大阪経済大学社労士大樟会会長
副所長　久保貴美：地方裁判所司法委員　神戸女学院大学卒業

40年にわたり、人事労務管理やリスクマネジメント、保険関連・給与計算のアウトソーシング業務に携わる。社会保険労務士の分野はもとより、組織の現場力を高め、強い現場をつくる企業労務コンサルタントとして、70業種1,000社を超える企業の労務改善、業績アップの指導に従事。2009年厚生労働大臣賞受賞。長年の実務実績に基づく手続きや、書類作成をはじめとする業務や電子申請化などをいち早く積極的に導入する事務所としても、関係省庁からも高い評価を受けている。

HPアドレス：http://www.sr-kubo.jp/

総務の仕事 これで安心

## 会社と従業員を守るルールブック
## 就業規則のつくり方

平成24年3月14日　初版発行
平成25年7月10日　2刷発行

監　修 ── 久保社会保険労務士法人

発行者 ── 中島治久

発行所 ── 同文舘出版株式会社
　　　　　東京都千代田区神田神保町1-41　〒101-0051
　　　　　営業　03（3294）1801　編集　03（3294）1802
　　　　　振替　00100-8-42935　http://www.dobunkan.co.jp

©T.Kubo／K.Kubo　　　　　　　ISBN978-4-495-59571-5
印刷／製本：シナノ　　　　　　Printed in Japan 2012